デンマーク人はなぜ
4時に帰っても
成果を出せるのか

四点就下班

松弛感的人生计划

［日］针贝有佳 著
宋刚 译

デンマーク人はなぜ
4時に帰っても
成果を出せるのか

机械工业出版社
CHINA MACHINE PRESS

DENMARK JIN WA NAZE 4JI NI KAETTEMO SEIKA WO DASERUNOKA
Copyright © 2023 by Yuka HARIKAI
All rights reserved.
First original Japanese edition published by PHP Institute, Inc., Japan.
企画协力　长仓显太・原田翔太
Simplified Chinese translation rights arranged with PHP Institute, Inc. through Bardon Chinese Creative Agency Limited. This edition is authorized for sale in the Chinese mainland (excluding Hong Kong SAR, Macao SAR and Taiwan).

本书中文简体字版由 PHP Institute, Inc. 通过 Bardon Chinese Creative Agency Limited. 授权机械工业出版社在中国大陆地区（不包括香港、澳门特别行政区及台湾地区）独家出版发行。未经出版者书面许可，不得以任何方式抄袭、复制或节录本书中的任何部分。

北京市版权局著作权合同登记　图字：01-2025-0511 号。

图书在版编目（CIP）数据

四点就下班：松弛感的人生计划 /（日）针贝有佳著；宋刚译 . -- 北京：机械工业出版社，2025.4.
ISBN 978-7-111-78130-1

Ⅰ. C913.2-49

中国国家版本馆 CIP 数据核字第 20257LH600 号

机械工业出版社（北京市百万庄大街 22 号　邮政编码 100037）
策划编辑：顾　煦　　　　　　　责任编辑：顾　煦　周思思
责任校对：王小童　张慧敏　景　飞　　责任印制：单爱军
保定市中画美凯印刷有限公司印刷
2025 年 6 月第 1 版第 1 次印刷
147mm×210mm・8 印张・1 插页・100 千字
标准书号：ISBN 978-7-111-78130-1
定价：69.00 元

电话服务	网络服务
客服电话：010-88361066	机 工 官 网：www.cmpbook.com
010-88379833	机 工 官 博：weibo.com/cmp1952
010-68326294	金 书 网：www.golden-book.com
封底无防伪标均为盗版	机工教育服务网：www.cmpedu.com

前　言

四点就下班

上午八九点，大家泡着一杯香浓的咖啡，轻松开启一天的工作。到了下午四点，这些身影在办公室里已然不见。

这便是丹麦的办公常态。

严格来讲，甚至不到四点，三点的钟声一响，从管理层到经营层，纷纷开启速归模式，关电脑，收拾工位。

四点一过，办公室里就悄无声息，清洁工人们开始清扫。

到了五点，整个办公室空空如也。

位于北欧的丹麦——2022年、2023年连续两年位居国际竞争力榜首的国家，其职场的真实写照便是如此。[1]

2009年末，我移居丹麦。读研期间，我专攻丹麦的人才市场政策，后来与一名丹麦人，也就是现在的丈夫结了婚，从此定居异乡。自那之后，我开始一边观察丹麦社会的真实情况，一边持续为日本媒体提供当地的一手消息至今。

在我的孩子还在上保育园的那段日子里，我一直从事自由职业，忙得不可开交。每天下午四点，我会慌慌张张地结束手头的工作，四点半多一点儿赶去接孩子时，保育园里几乎已经没什么人了。

因此，每每我望向空荡荡的教室，便会感到惊讶。

"这些孩子的父母，确定是有正式工作的人吗？！"

事实上，他们没有一个闲人。他们努力工作，且夫妻双方都是全职的正式员工。

大人们下午四点左右接孩子放学，五六点钟的时候，全家人已经在共进晚餐，这便是丹麦普通家庭的日常。与之相比，放眼东京，人们临近深夜仍在奔波劳碌，最后一班电车一定是人满为患。这样一番景象，对于丹麦人而言，绝对是绞尽脑汁也难以想象的。

因此，即便已从东京移居丹麦多年，我依然觉得这个国家的生活方式非常不可思议。

平日里，下午四点钟结束工作，丹麦人就开始享受和家人朋友在一起的时光。家具采购、房间装修等也不落下，甚至还有时间发展DIY等兴趣爱好。

到了周五，下午两三点左右办公室就没了人影。到了周末，体育比赛、生日宴会，还有招待亲朋好友的家庭派对等娱乐活动统统上阵。时刻全身心投入工作的丹麦人确实非常少见。

然而，不可否认的是，这样的国家竟然在2022年、2023年连续两年荣登国际竞争力榜首。不仅如此，丹麦的全球数字竞争力、数字政府排名、环境绩效均独占鳌头。此外，联合国可持续发展目标的完成度丹麦也长期位居世界前三，在国际上获得盛誉的次数更是不胜枚举。[2]

丹麦人究竟遵循着怎样一种独特的工作模式呢？四点就下班的丹麦人，为何能高效完成工作？

作为研究丹麦文化的学者，虽说我十三年来一直坚持为日本媒体提供丹麦的社会讯息，但依然感受到此书的撰写与以往颇有不同。执笔之际，我花了大量时间，与二十多位丹麦商业界人士开展了深度访谈。

而他们的见解，无一不令人醍醐灌顶。他们所说的每一句话，对于日本，乃至全世界的商业人士来说，都价值非凡。我从中探知到的工作和生活方式，将会成为我们的宝贵财富。

连续两年位居国际竞争力榜首的国家——丹麦，其国民工作方式的独到之处究竟是什么？又是怎样的职业观和人生观将其塑造出来的呢？本书将带领大家对这些奥秘一探究竟。

丹麦人的思考方式

读到这里你可能会想：关于丹麦的这些事，与我自己的人生有什么关系呢？我真的有必要去了解丹麦人的生活吗？

诚然，在自己国家过着平凡生活的人们，与丹麦确实难有瓜葛。此前，在我二十多年的人生里，丹麦这个国家与我似乎从未有过关联。

不仅如此，每当我听到"国外"这两个字时，第一反应都是去与自己生活的地方做对比。土生土长的东方人，早已形成自己的脾性、习惯和秩序……因此，即便将国外的优良规章制度引入日本国内，国民一时也会难以适应。

甚至可以说，只是提起"国外"二字，人们多多少少都会嗤之以鼻。

如果你像这样把自己看作局外人，那么这本书就是为你准备的。

每当我向日本媒体发送丹麦的新闻时，大多数情况下会得到这样的回复：

"丹麦果真不同凡响。不过他们的社会环境和制度与我们实在大相径庭，即便拿来参考，我们恐怕也难以适应。"

这样的回复不无道理。

就拿国外的商品来说，若将其原封不动地进口过来，则很可能出现尺码过大、板型不合适等问题。同样，若照搬国外制度，也难免会与原有的各种制度产生矛盾。

正因如此，本书介绍丹麦的目的并不在于呼吁我们采取与之相同的做法。我想传递给大家的，也并不单纯是丹麦这个国家的表面情况。毕竟在人工智能如此发达的今天，只要想了解，谁都能够在短短几秒内收集到天涯海角的各种信息。

本书想要分享的，是更加触及根本的丹麦人"对待事物的思考方式"。而这点，是只有在丹麦真正生活过、与丹麦人用他们的语言直接对话的人才能体会到的。他们的人生有着 AI 无法企及的高度，无论是对于工作还是个人生活，他们坚信可以，并努力做到尽善尽美。正是由于这群人拥有如此鲜活、生动的思考，此书才得以诞生。

首先，让我们抛却过往的偏见，来对丹麦人的工作方式及其背后的思考方式一探究竟。世界幸福感排名第一，同时国际竞争力也位居榜首的丹麦，其过人之处究竟是什么呢？

希望大家能够在了解了他们的思维方式之后，根据自身情况自由进行取舍并加以应用。

以我的故乡日本来说,这里的人很擅长"改良",善于从国外获得灵感,再根据国内客户需求进行定制。比方说,日本人不习惯意大利人的食物,因此"改良"出了符合日本人口味的鳕鱼籽意大利面。照此类推,若他们认为丹麦人的工作方式不适用,但以此为灵感,是否能够发明出新奇有趣的工作方式也未可知。

因此,若大家能秉持着这样轻松的心态来阅读这本书,并将其作为灵感来源,我将深感荣幸。

激活最佳状态

本书由以下几个部分构成。

第1章 这个国家四点就下班

第2章 用好时间早下班

第3章 人际关系很简单

第4章 职业规划不设限

首先,在第1章中,我将向大家介绍我所了解的丹麦的大致情况。本章请大家轻松阅读。

接下来，在第 2、3 章中，我会从"时间"和"人际关系"两个角度来剖析最具国际竞争力的丹麦，其国民工作方式的独特之处。这两章是本书的核心，干货较多，希望大家能够仔细阅读并思考。

至于第 4 章，我会向大家介绍丹麦人的职业观。在本章最后，对于孕育了高生产率的丹麦社会的总体特征，我会做出简单的阐述。

相信你在读完这本书后，一定会理解丹麦拥有强大国际竞争力的原因。为了激活最佳状态，丹麦从个人、组织到社会，各个环节是如何运作的，相信你也一定会顺藤摸瓜找到答案。

"生活方式大改造"能否成为现实

在这里，我打算开诚布公地谈谈自己的故事。

2009 年末移居丹麦之后，我对丹麦社会的真实情况惊讶不已，并对其有了全新的认知。于是，我通过媒体发布了许多当地的一手消息，猜想它们能够为大家带来多大的启发。

然而，如果问起我自己是否享受和当地人一样的美妙生活，我的答案一定是否定的。诚然，最初安定下来后的那段时间，我的确过得像丹麦本地人一样自在，但后来却逐渐感到力不从心。

那时，我整天为了各种各样的工作忙上忙下，甚至不惜牺牲私人时间，任由自己被卷进忙碌的旋涡之中。我在各个工作场所之间来回奔波，甚至因此拖累了家人。

我本身就是只要手头还有没处理完的工作就闲不下来的人，再加上无论什么样的工作我都不挑，于是终于将自己折腾成了"工作狂"。那时，我经常以"要工作"和"见朋友"为由，忽视自己的家人。

是时候踏上改变生活方式之路了。

"知道你要出书，我很支持你。**但我还是希望你能调整一下现在的生活节奏，保证睡眠充足，学会给自己放假，最重要的是，希望你能重视和家人在一起的时光。工作效率提高了，在有限的时间内也能取得成效。**"[一]

[一] 关于这段话是谁说的，读者可在后记中寻找答案。——编者注

以上就是我的情况。落笔时，我突然想到这何尝不是一种面对自己的"人生实验"呢。

本书想要与你分享的，是国际竞争力位居榜首的丹麦国民独特的工作方式。在书写他人之事时，我也会反省自身，并决定就此尝试调整我的生活节奏。

我会将实验结果写在本书的后记里，敬请期待！

目 录

前 言

第1章 这个国家四点就下班 / 1

松弛的商业强国 / 3
到处都是矛盾的国家 / 3
世界上最幸福的国家 / 5
有顶级竞争力的国家 / 7
紧跟时代的国家 / 9

引领时代的特点 / 12
自行车战略 / 12
不用现金也不刷卡 / 14
翻篇的勇气 / 16
🔍 专栏 迅速摆脱新冠 / 19

不卷的生活状态 / 21
阳光、草坪，还有小松鼠 / 21

生活第一，上班第二 / 22
爸爸很有参与感 / 25
谁都别想忽略家庭 / 27
晚饭要回家吃 / 28
和家人一起体会幸福 / 30
给人生排序 / 32
越松弛，越有实力 / 33

第2章 用好时间早下班 / 35

做自己时间的主人 / 37
做人呢，最重要就是开心 / 37
给生活做断舍离 / 40
夺回大脑控制权 / 44

为彼此的时间负责 / 47
上班提效是为了享受下班 / 47
饭局就别参加了 / 49
周五试试两点就下班 / 51
比上司早下班怎么了 / 52
开会别拖堂 / 55
定一个更早的散会闹钟 / 56
不是所有人都需要参会 / 60
层层确认，很耽误时间 / 61
各负其责，不重复劳动 / 64

只抄送相关人员 / 66
找集中的时间回复邮件 / 67
这点儿小事，有必要让别人帮忙吗 / 69
🔍 专栏 当今的优秀青年 / 71

坚决守护私人时间 / 73
拥有更多私人时间成为工作动力 / 73
到点就下班 / 75
午休半小时 / 76
自主调整工作时间 / 78
居家办公，一举两得 / 80
做家庭计划，缓解育儿焦虑 / 82
兼顾工作、家庭的秘密 / 84
为成长和热爱追赶工作 / 87
支持伴侣活出想要的人生 / 89

慢下来，会更快 / 93
保持自己的内在能量 / 93
精致不是必须 / 97
站着还是坐着工作？都行 / 100
冲刺结束，该取悦自己了 / 101
每天都要让大脑清零 / 105
每周休息三天，大脑更灵敏 / 106
不妨散散步 / 110
长假是必需品 / 112
🔍 专栏 尽在掌握的人生节奏 / 117

XV

第3章　人际关系很简单 / 123

跌倒了也没关系 / 125
　桥要边走边造 / 125
　计划变了很正常 / 127
　不可以没有计划 / 130
　失败了？没关系，一起面对 / 131
　基于信任的上下级关系更轻松 / 134
　越信任，效率越高 / 137
　多多试错 / 140
　直接指出对方的错误 / 142
🔍 专栏　允许失败的学校 / 145

上司只是领路人 / 148
　不必经常汇报，但可随时聊天 / 148
　多沟通，弄清工作职责 / 152
　自己选择工作方式 / 154
　接受指令前，问问为什么 / 157
　任何职位都能提意见 / 160
　适当拒绝工作任务 / 162
🔍 专栏　直来直去的文化 / 166

不为难他人，不勉强自己 / 168
　良好人际关系的秘诀在于信任 / 168
　组建团队的选人标准 / 170
　职场关系的"润滑油" / 172

用社交能力提高职场效率　/ 176
用对方法，效率更高　/ 183
建立"不勉强"的人际关系　/ 184

第4章 职业规划不设限　/ 189

找到真正想做的事　/ 191

不做工作的奴隶　/ 191
生活永远最重要　/ 192
上班不止能挣钱　/ 195
为自己工作　/ 196
把兴趣当作职业　/ 198
找到工作的意义　/ 200
跳槽代表进取　/ 203
好奇心引导职业发展　/ 204
为社会尽一份力　/ 207
将热爱做为工作动力　/ 209

🔍 **专栏**　顶级生产率是这样育成的　/ 211

将社会资源开发到极致　/ 217

后记　/ 221
致谢　/ 227
附录　四点就下班的实战建议　/ 229
脚注　/ 233

XVII

第 1 章

这个国家四点就下班

接下来，欢迎大家前往丹麦。

定居丹麦的我，此时此刻正在这里写下这本书的原稿。

这里是位于首都哥本哈根郊外的罗斯基勒市一个名叫"缪基科"的开发区。身处此地，我隐约能感受到当地的嬉皮士氛围，空气中弥漫着艺术创造的平和气息。我将自己安排在这平静的一隅，喝着咖啡，敲着键盘。

在进入正题之前，为了能够让大家对我生活的地方有一个整体的印象，请允许我先为大家介绍一下这个国家的大体情况。

读完之后，你一定会理解为何我十五年来孜孜不倦地研究它，你也一定会想尝试在这个国家生活一次。

松弛的商业强国

到处都是矛盾的国家

北欧的丹麦，到处都是矛盾。

进入超市，你会发现这里竟然连个像样的便当或欧式三明治都没有，有的只是相当于人民币25～60元不等的三明治和沙拉，商品的种类简直少得可怜。你在这里基本上找不到什么物美价廉的东西。

与之相反的是，升学、结婚、离婚、就业、跳槽……丹麦人站在人生的岔路口时，没有人会逼迫他们去做只能二选一的选择题。

他们的人生就像遍布城市的电车轨道一样，时而交错，时而分散，仿佛有无数种选择摆在眼前，行之不顺时，就可以变更路线。

一般来说，丹麦人对食物并不热情，午饭吃上一个黑麦面包三明治就足矣。虽说如此，但对做饭感兴趣的男性并不少见，甚至有些餐馆对美食之道的参悟在世界上也是首屈一指。不过当然，它们的价格也会让你惊掉下巴。

丹麦的物价很高，在咖啡厅点一杯拿铁加一份三明治就要人民币125元左右，这是当地普遍的最低时薪。

丹麦的税金也很高，消费税为25%，到手的工资一半左右都要上交。当然，医疗费用和教育费用在福利体制的保障下全部免费。这样一来，国民就会觉得"不管怎样，活着一定不是问题"，进而感到心安。

如此来看，这里生活着一群以打理家庭菜园为爱好，周末会享受林间漫步，对宁静的大自然充满热爱的人。然而，在这个国家，甚至白发老人都善用各种电子产品，网上银行、线上手续办理对他们来说统统不在话下。丹麦是真正的"数字化"领先国家。

面积和日本九州差不多大，人口约为590万人（比千叶县少）的丹麦，是名副其实的小国。但其国民的幸福度高、贫困率低、社会贫富差距小、污染率低，数字化及国际竞争力更是首屈一指。丹麦在国际社会上的各项排名，均是一骑绝尘。[3]

虽说这里充满了"矛盾"，但当我真正成为这里的居民之后才明白，有些事情看似矛盾，其实是一种必然，其背后存在着某种自然的因果关系。读到这里，可能你对丹麦的印象仍然比较模糊，但我相信读完本书，答案就会出现在你心中。

世界上最幸福的国家

无论是精致北欧风的室内装潢，还是街边杂货小铺，丹麦都像童话一般梦幻浪漫。走在大街小巷上，都仿佛是在安徒生的世界里漫步。这样的国家，因为有着十分完善的福利制度，所以被称为世界上最幸福的国家。丹麦人所爱的词语"Hygge",意思是"心灵上的舒适满足",相信会有读者略有耳闻。

一提到北欧丹麦,大部分人会在脑海里构建出一个"富裕""幸福""舒适惬意"的国家形象来。这些词语的确符合现实,但实际上,这只是丹麦的一面。

我向大家展示几个丹麦商业方面的国际排名。

- 国际竞争力:第一位(2022～2023年两年蝉联)。[4]
- 数字竞争力:第一位(2022年)。[5]
- 未来五年的商业环境:第三位(2023年)。[6]

不知各位读者有何感想?丹麦在商业方面,也是不容小觑的。

我再列举几个全球范围内被广为熟知的丹麦企业。

以积木玩具闻名世界的企业"乐高"(LEGO),与代理商"日本三得利企业"往来的啤酒制造商"嘉士伯"（Carlsberg），风力发电机设计、制造、贩卖领先世界的企业"维斯塔斯"（Vestas），全球首屈一指的生物制药公司"诺和诺德"（Novo Nordisk）……

所以说，尽管丹麦人口比日本千叶县还要少，但在世界舞台上尽显风姿的丹麦本地企业却意外地并不少见。

有顶级竞争力的国家

2022年，丹麦在国际竞争力排名中荣获世界第一，受到全球的广泛关注。2023年，丹麦再次获得第一，连续两年蝉联桂冠。

此排名以IMD（瑞士洛桑国际管理发展研究院）的调查为依据。日本在2022年的排名为第三十四，2023年则是第三十五。[7]

为什么丹麦的国际竞争力如此强大呢？

当我们着眼于当下，会发现丹麦排名极速上升并夺得桂冠是因为经济状况得到了改善。

然而，从长远、综合的角度来看，丹麦能够崭露头角的根本原因在于他们极高的"营商效率"。

国际竞争力的评价标准设定为以下四个领域——"经济表现""政府效率""营商效率"及"基础建设",并采取综合评价的方式。丹麦的"营商效率"在2020～2023年的四年间持续占据首位。

【丹麦】(2023年)

经济表现:第十五位

政府效率:第五位

★营商效率:第一位(四年连续)

基础建设:第二位

【日本】(2023年)

经济表现:第二十六位

政府效率:第四十二位

营商效率:第四十七位

基础建设:第二十三位[8]

顺便一提,将日本的排名拉低的领域就是"营商效率"，所以从这点来看，丹麦对于日本来说绝对是不可忽视的商业榜样。

紧跟时代的国家

既然如此，"营商效率"究竟是什么呢？

IMD 把营商效率分成了"生产率和效率""劳动市场""金融""经营措施""对策与价值观"五个领域。

在这五个领域中，丹麦占据首位的是"生产率和效率"与"经营措施"。

同时，"举措与价值观"也以第三名成功上榜。

"生产率和效率"（第一位）包括：GDP，劳动生产率，农业、手工业、服务业的生产率，大企业及中小企业的效率，数字化等。

"经营措施"（第一位）包括：敏感度（对于情况变化的应对能力），董事会职能，决策中大数据分析的活用，企业家精神，社会责任，女性管理层等。

"对策与价值观"（第三位）包括：对于全球化的积极性，品牌营销，柔软度及适应能力，经济及社会改革的需求认知，企业数字化转型，社会价值观等。[9]

丹麦产业联盟的阿兰·索伦森先生如是说道：

"丹麦拥有高水平国际竞争力的原因在于，面对复杂多变的环境，企业拥有迅速应对的手段、员工们热情洋溢的工作态度，以及企业的高度数字化。"

索伦森先生还提到，丹麦企业对于员工、社会以及环境情况都十分关注，顺应了时代的需求。[10]换言之，他想表达的观点如下。

"丹麦人有着分析时代需求并随之乘风破浪的实力。"

丹麦能够在多个国际排名中崭露头角，是因为国民具备看透未来形势的"先见之明"。

平时潇洒的丹麦人，实际上一直在默默做着准备，在关键时刻到来之际能够毫不犹豫地采取行动。

我在丹麦生活的这些年发现，他们极其喜欢做DIY手工和布置家庭菜园，以至于我有时甚至会想，即使把他们放到无人岛上，他们应该也能够生活得很好。毫不夸张地说，丹麦人确有实打实的优秀的"生存能力"。

总体来说，他们能够明确把握复杂多变的环境，将自己的智慧和资源最大限度地利用，无论遇到什么状况都能够随遇而安，继续前进。

这便是拥有"商业强国"称号的丹麦国民的真实面貌。

引领时代的特点

自行车战略

总的来说,丹麦人拥有积极应对时代变革的"先见之明"。

为了能够简洁明了地证明这一点,我在此罗列部分排名数据。

环境绩效指数:第一名(两次蝉联。2020 年与 2022 年)。[①][11]

联合国可持续发展目标完成度:第三名(2023 年。自 2016 年发布以来每次评选都位居前三)。[12]

数字政府排名:第一名(三次蝉联。2018 年、

[①] "环境绩效指数"与"数字政府排名"都是每两年评比一次。——译者注

2020 年、2022 年）。[13]

同时，丹麦人很享受引领时代潮流的过程。

让我对此深有感触的都市，便是丹麦首都"世界之首的自行车之城"哥本哈根。

在我移居此地的 2009 年末，哥本哈根已经设立了自行车专用车道、自行车专用红绿灯、地铁内自行车停车场等自行车相关的基础设施。在那之后，由"单车战略"引领的城市开发也如火如荼地开展起来。

哥本哈根市秉承着"环境友好型城市建设"的理念，为了削减二氧化碳排放量，迅速推进着"自行车战略"。

接着，政府逐渐将自行车专用车道和专用停车场等进行扩建，并设计搭建了专通自行车的"蛇桥"，完善了贯通城市与乡村的"自行车高速路"。

这些专用车道的平均时速约为 16 千米，若道路通畅，则能以 20 千米的时速感受轻风拂面，可谓悠闲至极。[14]

在哥本哈根生活的五年，只要有空，我便会踏上自行车。遥望着与运河交相辉映的美丽街景，享受车轮迅速转动带来的清凉之风，我对这种自由无比着迷。我无时无刻不想着自行车的转动，所以即便在临产期间，我也不惜挺着大肚子，让自行车担任我的代步工具。

我就是如此热爱并享受着在这座自行车之城漫游的感觉。

话又说回来，通过并不轻松的环境整治工作建造市民喜爱的美好街景，便是这个国家的实力所在。

不用现金也不刷卡

为了证明丹麦人的时代适应能力，我再举出一则实例。

那就是领先世界的"数字化发展"。

丹麦的数字政府排名连续三次（2018年、2020年、2022年）均为第一，数字竞争力排名也在2022年夺得首位，可谓数字化领先国家。[15]

我在这里生活,对这一点深有体会。

要想在丹麦生活,出门只拿现金可能会非常不方便。

在丹麦,基本上所有的客人都会持卡或用手机支付,因此收银台常有现金不足的情况。实际上,他们压根儿没想到会有人使用现金交易。

有一次,我想把手里的纸币换成零钱,像往常一样去当地的咖啡馆买一杯拿铁。但当我将纸币递给收银台的时候,收银小哥一下子变得面红耳赤。

正当我疑惑的时候,突然想到店里可能没有备齐足够的现金。

我只好连忙改口:"那我用卡支付吧,用卡总没问题吧?"小哥一下子松了一口气,对我连连道谢。

结果,一直沉睡在钱包里的那几张纸币到底没能花出去。

如此看来,丹麦确为实实在在的"无现金社会"。携带大量的现金,只会成为让丹麦人苦恼的累赘。

最近几年，丹麦正在由"无现金社会"发展成为"无卡社会"。

2013年，丹麦开发出了移动支付软件并得到迅速普及，一夜之间人们可以随时随地轻松付款。[16]最近，连健康保险证和驾驶证的本人确认环节都可以用手机来完成。[17]因此，即使一时疏忽忘带钱包，只要有手机，生活也基本不在话下。

翻篇的勇气

读到这里，可能有人会想："日本的刷卡支付、手机支付等不是也在发展吗？"诚然，前两天我回国的时候发现，日本的大街小巷已经开始出现数字化的迹象了。

不仅如此，全国各地都配备了多功能便利店。比起丹麦，日本也朝着便利化发展着。

然而，丹麦与日本有着本质性的差别。

这个差别就是，在迎合时代前进的步伐之中，是让既有模式与新模式并存，还是果断将其从社会中抛弃呢？

　　日本从待客之道到方方面面，会习惯在保留已有方法的基础上加入新东西，使二者并驾齐驱。与之相反，丹麦则是完全抛弃旧式做法，果断选择开启新篇章。

　　在丹麦，连政府下达的信件都要在线上查看。需要再三确认的通知也基本上不会发送至各家各户的邮箱中。正因如此，我们家彻底丢掉了检查邮箱的好习惯。

　　我唯一用到邮箱的时候，便是查看从日本寄来的信件或包裹的时候。

　　而当我问起丹麦丈夫查看邮箱的频率时，他漫不经心地回答："嗯……大概两个月检查一次吧。"

　　如此一来，在往我们家寄东西的时候，能够提前告知则是万幸。如若不然，我们可能隔数月才能收到。

　　但我们夫妻俩恰好都是懒人，因此不能以此为标准将所有丹麦人一概而论。然而，即便我们检查邮箱的频率如此之低，也只是偶尔会担心是否有落下的邮件，并没有真正给我们的生活造成不便。

写到这里，我不禁有些好奇在丹麦生活的人都是隔多久检查一次邮箱呢？

各位读者，请告诉我你们现在的想法。领先世界的"数字化国家"的实景，是否已经给你留下了些许印象呢？

专栏 迅速摆脱新冠

我对丹麦人民拥有面对时代变化的适应能力深有感触的一件事，便是2020～2022年的新冠疫情。

面对一夜之间的巨变，丹麦政府运筹帷幄，国民互相信任，在危机之下互帮互助，以乐观的心态携手前行。正是看到了这些，我才深刻意识到丹麦的国力与气魄有多么强大。

丹麦作为应对疫情的楷模在当时受到了全球的瞩目。说起在全世界范围内表现出色、成功消灭疫情的优秀国家之一，丹麦实至名归。

面对变局，政府反应迅速，专家组成团队精准把握现状，并简明扼要地向国民传达信息。在此基础上，以长远的目光制定具体对策，并发布未来的应对计划。

像这样政府和国民共同参与的响应速度快、精准度高的战争，实属令人敬佩。

虽说丹麦确有很多令人惊叹的举措，但其中最让我佩服的，当属2022年1月末的那场轰动。当时，在一月末日增新冠患者数量达到峰值时，丹麦政府义无反顾地在2月1日发布撤销管制的消息,成了欧洲首个将限制全面取消的国家。[18]

新闻轰动一时,引发了热烈讨论。

当时,从日本电视台来的邮件接踵而至。我向它们提供拍摄到的哥本哈根的街道、采访丹麦市民的影片等,这些影片在日本的几大主要电视台接二连三地放映。

而丹麦这边,不愧是一马当先将政策全盘整改的国家,撤销管制的消息刚刚发布,市民们便纷纷摘下口罩,街道上瞬间人山人海。这样令人震撼的一幕,对于电视机前的日本民众来说其震惊程度无以言表,引发了巨大的反响。

在丹麦政府2022年2月1日全面撤销管制的消息发布后,国民们已然对新冠"视而不见",回归正常生活,仿佛病毒根本没存在过。

这一系列行动之迅速简直让人无法置信。丹麦面对瞬息万变的局势,果断更新规则。随着规则的改变,人们也迅速采取相应的行动。

由此看来,丹麦荣获国际竞争力首位的宝座,并不是偶然。

不卷的生活状态

阳光、草坪，还有小松鼠

那么接下来，就让我们进入正题。

说到以国际竞争力和数字政府引以为傲的数字化领先国家，大家首先可能会想到这样一番场景：国民拥有极速处理事务的能力，商业化程度拉满，人们过着处处高效率的便利生活。

然而比起东京，丹麦人的日常甚至可以用"平静"来形容。在这里，几乎没有二十四小时营业的便利店和超市，甚至连店铺数量都少之又少，对于生活而言，实属不便。

郊外住宅的庭院里时常会有松鼠出没，想要开车兜风哪怕一秒钟，都会有马和牛，甚至鹿群等跟上来。十分原生态。

首都哥本哈根也是一个向往绿色与自然的城市。几个宽阔的公园建在城市中，春夏来临之际，人们会纷纷穿上泳衣（偶尔也能看见裸着上半身的女性），躺在草地上晒起日光浴来。

温暖的晴天，下午三点，沿着运河，人们席地而坐。或聊天，或闭眼小憩。看到他们悠闲的身姿，我无论如何也联想不到"营商效率"这个词。

当我们看到这幅光景时，首先联想到的是丹麦幸福安乐的一面。

若你有机会走在丹麦街头，看到人们一副从容不迫的样子，在草地上或湖边悠闲地晒太阳，相信你也会对这样的富足安乐深有感触。

生活第一，上班第二

《福布斯》调查显示，2023年，在世界主要城市中，哥本哈根被选为"生活与工作"平衡度排第一的城市。

关于哥本哈根荣登榜首的理由,《福布斯》的说法如下:

哥本哈根的市民时刻向往着"Hygge"的状态。珍视自己和身边的人,时刻抱有松弛感,以人生之喜乐来度量时间。

同时,他们在职场中极其重视私人空间,每年拥有长达五周的假期,实行弹性工作制。并且,公司会为怀孕家庭提供共五十二周的产假。[19]

这番话对于真正生活在此地的人来说无比真实。丹麦人将"尊重他人的私人空间和时间"刻在了骨子里。他们的脸上仿佛写着:"人生之乐,岂在仕途。"

正因如此,丹麦位居国际竞争力之榜首,实在不可思议。

看来,他们即使没有选择牺牲个人时间,也能实现高品质工作。

其实,正因为他们如此珍惜个人时间,才能够养精蓄锐，积极投入工作。

当然，这还不是全部。

进一步而言，工作本就是为了充实生活。基于这点，人们才能不让工作占据私人时间，并在最短的时间内创造最大的价值。

正如过去的我一样，可能很多人都会疑惑，为什么自己不惜牺牲个人时间去拼命工作，但还是无法干出一番成绩呢？这是因为，我们搞错了对待生活和工作的根本态度。

正因为"生活"才是终极目标，因此为了"工作"而牺牲"生活"就成了本末倒置。我们为多余的工作透支了精力，导致更加无法全身心投入其中。

说到底，"工作"只不过是充实"生活"的手段。正因如此，两者并不是跷跷板的两端。而我们需要做的便是将两者完美融合，互相补充。

只有生活快乐，才能活力满满地投入工作。工作只是生活的增色剂，我们需要在这段有限的时间内创造出最大的价值。如此一来，才能充分发挥从工作中获得的资源（财富、知识、技能、人脉、假期），使其进一步成为"工作"和"生活"的补充，由此形成良性循环。

我认为，只有形成这样的良性循环，才能说真正做到了"生活与工作的平衡"。

那么夫妻双方都有全职工作的丹麦家庭是如何运作的呢？接下来，我将为大家讲述我的亲身经历。

爸爸很有参与感

我第一次在丹麦参加家长会时，简直被吓了一跳。

小学、保育园或幼儿园的家长会大多是在傍晚召开的，爸爸出席仿佛理所当然，放眼望去，班级里的家长男女人数平分秋色。

有夫妻二人共同参加的家庭，当然也有派出代表来参加的。

我偶尔会看到这样的家长，两人似乎刚刚见完客户，身着盛装，并排就座。然而大部分人则是着装朴素，以运动服、牛仔裤、短裤或凉鞋轻装上阵，像是忘记换睡衣就直接出门的样子。

甚至在老师讲话时，大家也是毫不在意地肘挨着肘，腿挨着腿，简直是"姿态万千"。

虽说如此，这群乍一看无心参与的人们，实际上总是会积极发言。

班级里，家长们纷纷举起手（准确来说是将食指冲上举起），有问题的提问，有意见的也直言不讳。若是发现了可以采纳的信息，则会积极与其他家长分享。

虽与日本的PTA（家长与教师组成的协会）略有不同，但在这里，大家也会在班级内选举"干事"组成"家长委员会"，通过策划班级活动，促进家长与孩子之间的交流等，推动整个班级的管理更加顺畅。在这个委员会中，爸爸会积极参与。

"请自愿参与委员会的家长朋友举手。"

"我愿意！"

"我也是！"

在积极的氛围中，委员会一眨眼就满员了。

顺便一提，虽然爸爸们经常积极参与，但这并不代表他们会因性别被推选至"领导"职位。在这里，以性别区分的职位是完全不存在的。

谁都别想忽略家庭

对某些传统观念，丹麦可并不友好。

在丹麦人的思考方式中，并不存在"做家务和带娃是女性的职责"的刻板印象。男人不能以工作为借口忽视家庭，女人也不能以家庭为借口放弃工作。

女性，不仅是男性在工作中的亲密伙伴，也是正常向国家交纳税金的一员。

正因如此，无论是对于想结婚当全职太太或打算结了婚就马上离职的女性，还是认为自己是家里的顶梁柱，所以对家庭不闻不问的男性来说，丹麦的社会氛围确实不太友好。

在这种层面上，我想人们对于自己是否适合在丹麦生活，想法各异。

那么，丹麦本地人对此抱有怎样的态度呢？就此问题我采访了各类人群，结果发现，大部分丹麦人都认为，工作与家庭，夫妻双方都应共同出力。

因为他们认为，无论是工作还是育儿，实际上都是一个人在社会上所拥有的"权利"。

夫妻双方均为全职的正式员工，并且都会在工作结束的下午四点以后为家人留出宝贵的时间。这便是普通丹麦夫妇的生活。

经济独立的女性完全可以果断地向不顾家庭的工作狂丈夫提出离婚，因此，这样的国家也有一定的危机潜伏。

晚饭要回家吃

那么，丹麦人的工作与生活方式，在日本人的眼里究竟是怎样的呢？

日本商业领域的"工作狂"山田正人先生，在五十岁时第一次负责驻外工作。

第 1 章　这个国家四点就下班

2014 年，三菱重工业公司携手世界风电巨头"维斯塔斯"成立专门生产海上风力发电设备的合资公司。作为最高战略负责人，山田同年前往丹麦，并在此过了长达六年的异乡生活。

在日本工作的时候，由于加班或其他原因，在外就餐对山田来说是家常便饭。他周围的人都认为这是职场人的常态，包括他自己。一周下来，只有周末可以在家吃上一顿。然而由于子女在周末难免各有安排，因此，一家人围坐在一起享受晚餐的机会可以说是少之又少。

但自从山田开启了在丹麦的生活之后，下班后和同事聚会，以及接待客人等习惯全都消失了。

责任心强、勤奋认真、有着高素养和进取心的丹麦人，一生中最珍贵的唯有家庭，他们四点过后必定准时踏入家门。相比之下，五点仍在办公室继续奋战的，就只剩山田还有其他日本员工了。

尽管丹麦人的习惯让山田困惑不已，但他还是选择入乡随俗，努力改变自己的生活方式。比如尽量不让自己加班，和一同搬来的妻子，还有正在上高中的女儿一起回家吃晚饭。

每天晚上，山田都和家人围坐在桌旁，屏蔽外界纷扰，分享彼此的所见所闻。无论是积攒了一天的疲惫，还是有什么新的发现，都与对方诉说。一家人就在这其乐融融的交谈之中，体会到了未曾享受过的幸福。

"大家可能会认为，与家人一起吃晚餐是微不足道的事。**但这样微小的幸福，却足以改变我们看待人生的方式。家人牵绊，心意相通，日久天长。**"

回望彼时，山田先生感慨万千。

和家人一起体会幸福

如今，山田已经回到了日本，在新合资企业——三菱重工维斯塔斯日本股份有限公司担任董事长兼总经理。而他依然坚持有空就陪家人吃晚饭的习惯。即使回到家已经八点半多了，一家人仍会坐在桌前，享受在一起的时光。晚饭后，与妻子和三个已经长大的孩子喝茶闲谈,从他们喜欢的明星到最近流行的综艺梗和体育赛事,山田虽对这些东西一知半解,但也会时不时积极地加入谈话。

说起和子女间的畅聊,山田先生不禁露出了笑容。他说道:

"我从很久以前就一直想着要把工作放一放,多陪陪孩子。这么想来想去的,一转眼孩子都这么大了,也开始各自成家了。我们之间对彼此的了解也越来越少。我记得史蒂夫·乔布斯曾经说过,他人生最大的遗憾就是没能多陪陪家人。

"虽然我们日本人也在追求生活与工作的平衡,但若想在劳动环境和结构方面学习欧洲那一套,自然并不简单。

"但实际上,**如果我们从自身开始改变,和爱的人一起好好吃一顿晚饭,并让其成为日常,这样小小的进步是不是会容易很多呢?尤其是像企业管理者这样的领导人物,更需要做好'回家吃晚饭'的榜样。**由此一来,人们逐渐开始改变,就会发现人生真的大有不同。"

同时有着日本和丹麦两地工作经验的山田先生，向我们娓娓道来。字字珠玑，令我受益匪浅，感慨万千。

给人生排序

针对丹麦人的工作方式，我与数位人士展开了访谈，并获得了诸多发现。

说到底，"工作方式"是随着生活方式的改变而改变的事物。

你想过怎样的生活，你最珍贵的东西是什么，你想和怎样的人留下怎样的回忆……决定工作方式的根本不是"你想怎样工作"，而是"人生的优先顺序"。

为何丹麦人能够很好地平衡生活与工作呢？

简单来说，丹麦社会政策完善，生活与工作之间的平衡已经成为人们的文化基底。然而，无论是制度还是文化，都是基于我们自身发展的。

因此，丹麦人只是善于倾听自己和他人的心声，做到互相了解，并率先创造了这些而已。

越松弛，越有实力

接下来，我会把以上内容进行简单总结。

丹麦人总是先我们一步。

在急速变化的时代背景之下，他们能够意识到对于人类和环境而言什么是友好的，并且知道总有一天这些会被社会所需要。正因为他们有这样的先见之明，才造就了一个数字化领先、环境友好、生活与工作尽善尽美的国家。

为什么丹麦人能使其成为可能？

若是放在以前，我可能很难回答这个问题。但如今，当我在这片土地生活了十三年之久，我可以自信地给出答案。

丹麦人在了解自己需求的同时，也擅长倾听他人的心声。因此，当他们潜心聆听，便能够解读他人的"潜在需求"。

不仅如此，他们将想法付诸现实的过程也是难以想象地迅速。

在下一章里，我们将会一一解开丹麦人的职场高效率之谜，并剖析他们能够连续四年斩获营商效率第一名的秘密。

相信大家在读过以"时间"为主题的第 2 章和以"人际关系"为主题的第 3 章后，会对以上谜团有一个自己的答案。

第 2 章

用好时间早下班

接下来，我将为大家描绘一个"时间"的世界。

相信你也会对国际竞争力排第一的国家有着怎样的时间管理方式感到好奇吧？

在第 2 章中，我会以诸多实例分析丹麦人对时间有着怎样的认知。并且，我会向大家展示丹麦人一整天的具体时间安排，再从中抽丝剥茧，找到答案。

通过对当地企业家的采访，我对他们的时间管理模式有了全新的认知。并且，我也在努力将那些方法身体力行。事实证明，效果明显。

思考并计划如何将有限的时间充分利用，本身就是一种将时间"再创造"的方式。而我们需要思考的，便是如何通过利用有限的时间来使人生变得充实且有意义。

在每个要点的结尾处，我都为大家写下了具体的实践方法。如有那么一条能够为你的生活和工作带来启发，我将不胜荣幸。

做自己时间的主人

做人呢，最重要就是开心

下午四点就下班回家，具有强大国际竞争力的丹麦人，究竟遵循着怎样的工作模式呢？"高效工作法"又究竟有着怎样的秘密呢？

在进入正题之前，我想先请大家思考一个问题。

那就是，我究竟是为了什么在工作？

各位读者现在心里是否已经有了一个答案？无论你热爱工作，还是有上班困难症，都请在此停下来好好思考一下。

我们日复一日地工作，究竟是为了什么？

实际上，当你绞尽脑汁思考自己究竟为了什么工作时，归根结底是在问自己："我人生中最宝贵的东西是什么？"

关于这个问题的回答，在此献上我对丹麦人的采访。

"**人生啊，最重要的是快乐，还有与知音相遇的过程。**我正是以此为目标一次又一次独自踏上了旅途。当然，保持健康也很重要。还有，经济实力向来是享受自由的底气，因此也是不可或缺的。不过我认为最重要的不是金钱本身，而是有了金钱才能拥有的那个自由的灵魂。"（文森特，男）

"我呢，忙了半辈子，现在却后悔得很。我以前为了能做出一番成绩，经常加班熬夜，拼命工作。现在我已经不想再继续下去了。

"现在孩子都已经长大了，我迎来了自己的人生关键期，是时候彻底思考我的价值，还有今后的人生方向了。**现在我最想做的，就是在孩子成家立业之前，尽量多陪孩子说说话。**"（卡特琳，女）

"只要临终前，能对自己的生活感到满意就足够了。没必要成为有钱人，也不一定要成为什么伟人。

感到幸福和满足，人生就无憾。老友和儿女常相伴，就是我的追求。只要看到孩子健健康康，能与值得托付的人度过一生，享受人生喜乐，我就感到无比幸福。"（延斯，男）

"人生嘛，最重要的是保持身心健康。拥有强健的体魄，快乐常在，这就是我的追求。所以，我平时热爱运动，并且希望身边一直有能带给我好心情的人。我不喜欢那种一靠近就让我生气，或者让我变消极的人。总之，我需要那么一群伙伴，能够一起分享幸福和喜悦。"（卡斯滕，男）

现在，对于"人生中最宝贵的东西是什么"，你心里有答案了吗？

人生是由一分一秒汇集成的时间长河。也就是说，"你想拥有怎样的人生？"等同于"你会怎样度过你的时间？"

对于这个问题，你有怎样的思考呢？

这里我想说的是，你上次感受到"忘了时间的快乐"是在哪里？与谁在一起？当时在做什么？

你是否感受过巨大的喜悦涌上心头的瞬间？甚至有过因喜悦感到全身发热的时候？如果有，那一瞬间发生了什么？是什么令你如此喜悦？又是为什么会有这种感受呢？

换种说法，在日常生活中，你心情变好，或者变坏都是因为什么呢？

若细心观察并思考自己的情绪变化，你就会发现在那些喜怒哀乐的背后，早已隐藏着你内心对于这些问题的答案。

给生活做断舍离

在对丹麦人的采访中，我有一个发现。

那就是他们很擅长把握事物的"核心"。

接受采访的绝大部分人，无论面对怎样的问题，都不会只是简简单单地回答一句"不太清楚"。他们很擅长语言表达，斟酌字句。说实话，我对这些受访者们的高效沟通能力着实感到震惊。

坐在他们对面进行采访，我突然觉得也许正是因为有这样一群英才，丹麦才得以荣登国际竞争力第一的宝座。

对于何为自己人生中最宝贵的东西，他们也有着清晰的认知。**为了守护自己心底那份珍贵，他们为人生排序，将不那么重要的东西果断抛弃。**这种决断力十分有魅力。

海伦女士是哥本哈根市艺术博物馆的运营部总监，如今与担任着大企业管理岗位的丈夫共同养育着三个孩子。在我眼里，她真可谓"潇洒小姐"。

在我进行采访的一个小时里，她是一边遛狗一边回答我的问题的。

一开始，我们是以视频通话的方式进行的，但当她向我确认即使不看画面，只听声音，采访也能够正常进行后，便戴上墨镜，把摄像头一关，手机往口袋里一塞，就带着狗狗出门散步去了。

就这样，我们开始了一场"声音访谈"。

我首先问的是"作为团队领导，一边工作一边带娃是否很辛苦呢？"我承认这个问题非常直接。我本人就是一边从事自由职业一边抚养两个孩子，因此觉得这确实不是一份"美差"。然而下一秒，海伦轻松的语调从手机那边传来。

"其实我并不觉得累啊。**这样的生活，倒是还蛮悠闲的。我现在一切都很好**。"

我本来以为她会给出"一下带三个孩子，还要在工作中担起重任，当然很辛苦"之类的回答，因此，她的回应十分出乎我的意料，以至于屏幕前的我愣了一下。只听她继续说道：

"现在一边散步一边接受你的采访，对我来说也是一种奢侈。我无时无刻不在按重要程度给要做的事排序。**第一位是家人。第二位是工作。第三位是娱乐，还有自己的兴趣爱好**。我的排序从来不会改变。

"我很喜欢现在的工作，所以和家人的地位几乎一样高。我在工作中领导的团队大家关系都很好，直接满足了我社交的需求。

"所以，我几乎没有和朋友见面的时间。**我也**

从来不看社交媒体。因为只要养成看社交媒体的习惯，就会消耗大量的精力。虽然偶尔会对这样的自己抱有罪恶感，但我还是不让社交媒体占用我任何时间。"

我感慨，这是何等潇洒的人生态度！在人们任由人际关系和社交媒体摆布的现代社会，她竟能信誓旦旦地说自己完全不涉足，没有被卷入世俗的洪流，始终坚持着自己的一套价值观。

珍惜和家人的时光，抚养三个孩子，做喜欢的工作并领导着优秀的团队，对自己的职责认真负责。这样优秀的女性，向我们诉说着她的生活：

"这样的生活，倒是还蛮悠闲的。我现在一切都很好。"

听了她的一番话，各位读者又有怎样的感受呢？

长达一个小时的采访结束之际，海伦似乎正好返回到家附近。她再次打开了摄像头，摘下墨镜，用爽朗的笑容和轻松的告别结束了这场采访："很开心的一个小时，谢谢你陪我度过！"

此时正是晴朗假日的上午。

托海伦的福，我也得以变得心情畅快，度过了开心的一天。

> **Point1**
> 果断放弃生活中不重要的事物。

夺回大脑控制权

佩妮莱·加德·阿比尔德戈尔经营着一家名叫"归还时间"的公司。她提出了"连休三日"的政策，并致力于推动此政策进入企业和各市自治团体。

（本来就已经能下午四点回家了，还有必要要求增加休假吗？）

我这样想着，对此颇为好奇，于是主动联络了佩妮莱。

我用社交媒体向她发送了邀请，并迅速收到了"OK"的回复。但她紧接着却说："以后不要用社交软件，还是用邮件联系吧。"

从这句话中，我一下子就窥见了佩妮莱对社交媒体的态度。

佩妮莱的生活方式，正如她的公司名："Take Back Time"（归还时间）。

当我问起她成立此公司的理由时，她如此回答：

"我们被夺走了应有的时间。我们被太多事占据着时间自己却没意识到。**从四面八方席卷而来的各种事物无一不在分散着我们的注意力，我们就在无意识中被牵着走**。基于这种想法，我认为我们有权夺回那些逝去的时间。

"如果我们在无意识中把时间都浪费掉，那么一眨眼就会发现自己已年华不再，直到死期将至。这如何不令我们惋惜呢？所以我认为，**有意让自己的时间变得更有意义是我们穷极一生的追求。**"

正在读这本书的你，是否在有意识地把握你的时间呢？

接下来，我们将进入时间效能的话题。

将自己和他人的时间都视作宝贵之物，才能实现真正的时间效能。

> **Point 2**
> 意识到时间的存在，认真度过每分每秒。

为彼此的时间负责

上班提效是为了享受下班

我想各位读者中可能有人听说过"Hygge"这个词。这个词在丹麦语中有"心灵上的舒适满足"的意味。丹麦人最看重"Hygge",他们无处不重视舒适与满足。

盛夏时节,或与三两好友齐聚某人家中,一边沐浴阳光,一边悠闲地享受红酒,畅谈天地;或与家人同行天鹅湖畔,遥望美景,体验野泳的畅快;或于林中漫步;又或配上一本书,在草坪上享受慵懒。夜晚,一群人围坐在篝火旁,看烤架上的面包咕噜咕噜地转,木香沁人心脾。

严冬将至时,凝视暖炉洋蜡摇曳的火苗发上一会儿呆，品味刚出炉的蛋糕，一家人聚在一起说着说不完的话……

像这样，将自己的身心放松，卸下重担，与珍视的人一起创造珍贵的回忆，不就是平淡日常中的无价之宝吗？

我举这些例子是想说，我们不该连珍贵的私人时间都要考虑"效能"。如果我们时时刻刻都在计算时间的价值，那么来之不易的悠闲一刻也终将被浪费。

工作则另当别论，为了充分享受有限的私人时间，我们需要细心计算工作的时间效能。

给你带来发自内心的喜悦的瞬间，本身就会赋予你无穷的意义。因此，我们绝不能让这样宝贵的时间为其他事情让步。为了确保这样的"喜悦"常相伴，我们需要做的就是提高做其他事情的时间效能。

还有重要的一点。那就是为了能够做到尊重同事和客户等其他人的私人时间，我们需要在与人相处时也时刻意识到时间效能的存在。

尊重彼此的私人空间和时间，时间效能就是因此而存在的。

> **Point3**
> 尊重彼此的私人时间，
> 时刻思考时间效能。

饭局就别参加了

丹麦人的另一个特点，便是拒绝"工作上的无效社交。"

重视彼此私人时间的丹麦人，绝不会率先组织同事之间的"饭局"。如果有人一时兴起发起邀请，多半会落得惨遭全员拒绝的"下场"。

当然，有些行业也存在例外。在艺术家或者媒体人的世界里，工作与私人时间之间没有区别。他们的兴趣爱好、人际关系，工作与私人之间并没有明显的分界线。

对于这样的人来说，走出职场依然乐于与人交往。

他们正是因为纯粹热爱与人交流，才认为与同事之间的交往并不是出于无可奈何。

下午四点结束工作之后的时间全部是自己的。正是因为这是丹麦人的共识，因此过了下午四点，大家都会纷纷切换成"勿扰模式"。

也正是因为他们会尊重彼此，才不会让职场上的人际交往入侵自己的私人生活。

丹麦人不仅不会主动组局，面对饭局更是退避三舍。这样的态度或许有些不讲情面，但对于他们来说，"人生之乐，怎在仕途"已然是一种人生态度。

无论是自己、同事，还是下属和上司，大家都需要私人空间。将这一点作为前提，便能够理解他们誓死捍卫彼此私人生活的社交礼仪了。

> **Point 4**
>
> 将"一下班就切换成'勿扰模式'"作为一切的前提。

周五试试两点就下班

在市政府担任管理职务的哈塞先生，在周五午后的访谈中这样对我说道：

"现在是下午两点半，我的下属们都已经回家了，只有我还在这里工作。**当然了，他们有自己的生活，这没什么大不了的。**我并不觉得下属比我先下班回家有什么问题。"

这就是丹麦职场的真实写照。每当周五来临，甚至还没到下午四点，两三点钟大家就开始收拾东西回家了，办公室早早地就一个人影也不见了。

其实，我现在工作的办公室就规定两点下班。过了两点还留在办公室里的，只有包括我的寥寥数人。

Point 5
周五可以早点儿下班。

Point6

允许下属比自己早回家。

比上司早下班怎么了

斯蒂恩先生曾带领团队在中国香港有过一番事业。据他所说，当时他因香港的职场文化受到了不小的冲击。

"我刚在香港工作的那段日子，忙得整整 20 个小时都抽不开身。看到我一直在忙，下属们也全部都留下加班，一个回家的人都没有……为什么大家都不回家呢？当时真是怎么都想不通。

"但过了一段时间我发现，**那是因为他们似乎觉得比上司早下班是禁忌**。意识到这点之后，我被这种文化差异彻底震撼了。"

在丹麦，下属不会时刻注意上司的动线，更不会因为上司晚回家就跟着一起加班。因此这对于丹麦人斯蒂恩来说，实在是一种文化冲击。

在那之后，斯蒂恩向下属们下达了"六点必须回家"的"指令"。

这是因为,斯蒂恩想让他们都能享受工作、热爱工作,就像丹麦公司的员工一样。

具体来说,他是这样想的。

只有在工作中发自内心地感到幸福的员工,才能拥有高效率,进而做出成绩。为了真心爱上工作,我们绝不能牺牲私人时间。若让私人时间为工作做出让步,我们终将耗尽自己的精力,得不偿失。

然而,斯蒂恩如此特立独行,却让香港人感到非常困惑。

最开始,无论他怎么强调下班时间,他的下属们依然坚持着自己原来的步调。对于香港人来说,下属比上司早下班几乎是不可想象的事情。

无论如何,他们都抗拒着斯蒂恩定下的规矩。下属比上司早回家,就是行不通。

他们坚持认为,就算有上司按时的命令,一旦早早下班就要被扣工资,甚至会被解雇。这样的不安感充斥着整个办公室。

为了缓解员工们的不安，斯蒂恩坚持不懈地找下属谈话。因为在他看来，完全没必要因此感到不安。

"大家似乎都很担心下班太早，会给上司留下不好的印象。实际上，我觉得这种担心完全没必要。我最担心的反而是大家由于长时间工作而疲劳过度怎么办。我希望下属能好好安排自己的私人时间。**只有平时过得充实，工作效率才有可能提高。**"

我真心希望员工们都能够有充实的生活，并打心底里热爱这份工作。斯蒂恩笃定地说道。

若为了工作一味牺牲私人时间，导致精神疲惫，最后这种疲惫一定会反噬工作。

反过来，如果好好享受工作以外的时间，再热情洋溢地投入工作，则会事半功倍。能够从工作中获得满足和喜悦，是将效率提高的关键秘诀。

> **Point7**
> 提高工作效率，充分的休息和娱乐不可或缺！

开会别拖堂

若想要迅速完成工作，充分享受自由时间，唯一的方法就是在有限的时间内最大限度地提高工作效率。

因此，解决问题的关键便在于"会议"。

就算在其他工作上无限提高效率，如若会议拖沓冗长，一天的时间也很快就会被浪费掉。

丹麦人在开会的时候，不仅会通知开始时间，也会准确设定结束时间。如此，会议就不再拖拖拉拉。

并且，他们还会事先确定好会议的流程及目标，并在规定的时间内想方设法地做出最后总结。

即便问题没能在会议上顺利解决，人们也不会将会议延长。因为他们知道，就算延长会议，员工们也有离开的自由。在没有讨论出结果的情况下，问题将被保留，择日继续讨论。这就是颇具丹麦特色的会议方式。

顺便一提，丹麦人在新冠疫情之后意识到线上会议的高效，因此就算同在一间办公室，人们也越来越倾向于选择线上会议。

> **Point8**
> 事先设定会议结束时间，绝不拖延。

定一个更早的散会闹钟

然而，这其中还存在着一个不可忽视的问题。

即使在丹麦这样的小国，如今也有很多企业规模正在变大，员工数量逐渐增加，公司的组织结构也随之变得复杂。由于中层经理需要与相关人员进行各种沟通周旋，所以会议也必然会增多。如此一来，他们工作日程表基本上每天都会被会议填满。

路易斯·威灵女士一直以来作为公司的中层经理，每天忙得团团转。她的工作日程表简直是会议的海洋。

威灵女士同时在房地产公司兼职。对于房地产行业而言，与客户对接的工作一般会在客户的闲暇时间进行，即工作日的傍晚或双休日。即便在丹麦这样松弛感满满的国家，对于有些行业来说，想要平衡好生活与工作也并非易事。

并且，在同一个行业中，国际化丹麦企业的企业文化，与纯粹的丹麦本地公司多多少少有些不同。由于公司员工和客户来自五湖四海，因此不可能清一色地遵循丹麦文化。

在我的众多采访中，凡是丹麦文化氛围浓厚的企业，其员工通常能够更好地平衡生活与工作。

那么问题来了，要想将中层经理从会议的海洋里拯救出来，企业该如何去做呢？

"归还时间"公司的老板佩妮莱对于如何开会也发表过自己的见解。据佩妮莱所说，她们公司的中层经理也是每天被各种会议占据着时间。

"从早上踏进公司开始，九点到十点，十点到十一点，十一点到十二点……会议源源不断地袭来，连事前准备会议内容的时间都很少。因此，**在会议的开始阶段，大家不得不先花时间确认今日会议的主题。时间就是这样被浪费的。**"

另外，我认为她提到的另一个观点也很有意思。在一般的观念中，开会就是要开满规定的时间。相信大家也是这么认为的。

然而，针对会议时间的设定，佩妮莱是如此提议的：

"**应该设定提前一些的闹钟，这样开会是最合理的**。三十分钟的会议，闹钟应该设定在第二十五分钟。一个小时的会议，则设定在第五十分钟。这样一来，我们就会自然而然地注意到时间的流逝。"

我认为这样的提议真是别出心裁。若设定提前的结束时间，我们似乎的确会将注意力不自觉地放在时间的流逝上。

这种方法的优势还在于，能够将会议与会议之间空出五到十分钟。在这几分钟里，不仅可以稍做休息，还能为接下来的会议稍做准备，不至于慌慌张张地开始。

此外，佩妮莱也提到了会议流程的相关问题，即关键是要在会议开头让参会人员知晓接下来要做什么。

不仅主持人，所有人都应熟知接下来的流程，这是因为当话题偏离原本的轨道时，所有人都能发现并纠正，让讨论回到正轨。

为了让会议更加高效，公开流程并让全员参与时间管理尤为关键。

> **Point9**
> 将会议结束的闹钟提前设置几分钟。

> **Point10**
> 会议开始时向参会人员公开流程。

不是所有人都需要参会

关于会议或活动的出席人数，也是一个值得深思的问题。

有过日本出差经验的哈塞先生，回忆起他出席会议的情景时笑着说道：

"出席人数多到简直让我震惊。从公司老板到第一中层经理、第二中层经理，再到第一秘书、第二秘书……简直数不过来。"

的确，对于丹麦人来说，日本大大小小的会议或活动的参加人数总是异常多。我不禁思考，开个会而已，有必要吗？

在邀请会议或活动的参与者时，我们不妨认真思考一下有些人是否真的有必要出席。

同样，当我们被邀请参与某个会议或活动时，我们也应该深思熟虑：自己是否真的有必要参加。

将会议的出席人数降到最少，同样不失为提高效率的好方法。

出席人数越少，讨论就进行得越快，节省下来的时间就可以做很多事。

顺便一提，在丹麦，人们从来不会强求不想发言的人参加会议。对于他们来说，会议本身就是为大家提供交流的平台，因此不想发言的人即使参与也毫无作用。

> **Point11**
> 认真思考是否有全员参会的必要。

层层确认，很耽误时间

日本的公司，一般会要求很多员工负责一个团队的最终决策环节。

卡斯柏是一位对日本颇有兴趣的电影导演，因此，他以日本为背景拍摄了一部纪录片电影。关于拍摄期间与日方合作的感受，卡斯柏如此说道：

"明明只有一件事需要推进，却需要层层审批方可最后通过，其间不得不经历各种程序。一切都进行得异常慢。都说日本人一天工作那么长时间，**像这样一点一点每一个细节都要落实，不花那么长时间才怪呢**。"

像这样，认为和日本人合作太过麻烦的丹麦人，不只有卡斯柏一个。

在采访期间，我发现，大多数人都认为和日本人共事太过困难。这点甚至成了我们的固定话题。其中因日本公司确认流程太过繁杂而感到无奈的人尤其多。

针对这点，让我们从最简单的角度来思考一下。

重视员工生活与工作平衡的国外企业，真的会想和流程繁杂、交流成本极高的日本企业合作吗？

关于丹麦公司的流程，卡斯柏是这样解释的：

"日本公司在决策时需要一层又一层的中层经理来进行审核，但是在丹麦，这些都一概跳过。**就丹麦的团队决策流程来看，我们倾向于少数人决策的实用主义，决策的速度一般都很快**。"

由卡斯柏率领、共同经营的电影公司员工人数很少。虽然其制作的纪录片电影在海内外颇有人气，获奖无数，但固定工作人员仅有寥寥几位，加上合作伙伴以及无合同员工，是一个总共拥有十名核心成员的团队。其规模虽小，却开展着多种多样的项目。大家各司其职，互相协助，日常工作中，一律杜绝繁杂的会议。

当我得知这家公司平时会议很少后，便想着一定要去亲眼见证一下。果真与我预想的一致，会议结束得异常迅速（员工每次都会拿来咖啡或茶招待我，对此我非常感谢）。比起立刻做出决策，会上更注重整理，掌握目前形势，以及确定下一步的计划。出席人数永远不超过四个人，决策过程也是难以想象地干脆利落。

偶尔，当会开到一半，一些员工在得知即将讨论的内容与自己无关时，便会打声招呼离席，其他参会人员对此也是毫不在意。

这与日本人会当即感到不适简直大相径庭。

> **Point12**
>
> 参与决策者应少则少。

> **Point13**
>
> 努力降低对方的沟通成本。

各负其责,不重复劳动

上文卡斯柏先生提到,由于日本人的确认流程太过繁杂,丹麦人时常感到无可奈何。

实际上比之更甚的,是排名第一的无用功——"二次确认"。

丹麦基本上没有微观管理(管理处理细节工作的员工)这一说法。在丹麦企业里,上司从来不会钻牛角尖式地检查员工的进度,甚至这对他们来说根本就是禁忌。

为了防止工作出现错误,通常会让几个人检查是否无误。这在日本企业中绝对算不上什么新鲜事。我认为,这样大大减少了失误,可谓颇有益处。也多亏了二次确认环节,日本品牌受到了诸多信赖。

然而,众多员工将大量时间花在同一项工作任务上,无论是对于个人还是团队来说,时间成本都会大大增加。

在丹麦,"二次确认"的环节并不存在。他们认为,与其在确认上花时间,不如每个人都负起责任,各司其职,把自己的部分做到极致,才是提高效率的正确做法。

当然,若想防止某些工作出现无法挽回的错误,我认为尽量还是二次确认比较好。

不过对于丹麦人来说,可能比起失误,浪费掉的时间更加可惜,所以才选择了这样一种工作模式吧。

省略二次确认的无用功,就能节省大量的时间。同时,当人们意识到自己在为某项工作孤军奋战时,就会迅速承担起分内责任,打起十二分精神完成任务。继而也会对自己的能力信心满满,投入其中。如此一来,失误自然而然大大减少了。

Point14
省去不必要的二次确认。

只抄送相关人员

能够将信息共享的"邮件抄送",其中也有一定的学问。把邮件抄送给无关人员,会大大影响彼此的效率。

抄送邮件就意味着,收到邮件的人会花时间阅读并了解信息。

实际上,这与多人参与的"二次确认"有一定的相似性。虽然使用者并非有意为之,但邮件的抄送功能有时的确会白白浪费对方的时间。

总之,在大家设置邮件抄送时,请谨慎思考一下把每个人加进去的理由。如果是想确认互相的工作进度,也请考虑一下是否所有人都有汇报的必要。某些情况下,希望各位也能勇敢地将邮件抄送"断舍离"。

使用邮件抄送虽然可以免去一对一确认进度的

过程，一定程度上也能提高彼此的工作效率。然而在此基础上，尝试省略非必要的抄送，更有助于事半功倍。

> **Point15**
> 将邮件抄送减少再减少。

找集中的时间回复邮件

能否最高效地利用有限的时间，是提高工作效率的决定性因素。

据"归还时间"公司的老板佩妮莱所说，在能够集中精力的环境下，认真踏实地完成今日的工作对我们来说非常重要。

为此，佩妮莱提出了将回复邮件规律化的方法。

"很多人在工作中都需要不停地看邮件、回邮件，这不仅是时间上的浪费，更使得我们消耗大量精力。**二十四小时围着邮件团团转，就等于让大脑在各个工作任务之间来回切换**，这会使我们的生产效率大打折扣。"

在此基础上佩妮莱还提到，要把"回邮件"想象成一个整体的工作任务，并计划好所需要的时间。

举例来说，我们可以计划一天里只在固定的三十分钟内回邮件，并且要在这三十分钟内一次性处理完所有邮件。若有些邮件的回复需要多花些时间，就把它命名为"给××的回复"，并将其想象成新的工作任务，然后同样设定完成它所需要的时间。这样一来，其余时间就可以把那些邮件抛在脑后，专注于其他要紧的工作了。

如果一整天都关注着邮件，我们的大脑就会持续不断地在各种工作任务之间反复切换，而这种状态通常会使我们无法专注，从而变得散漫。

不仅如此，如果第一时间回复刚收到的邮件，那么对方也会立刻再回一封，仿佛一场邮件的回合制比赛。最后，时间都被浪费在回复邮件上了，原本要做的工作却毫无进展。

相信大家，包括我，都有过这样的经历，那就是总觉得自己的工作效率提升不上去，无论怎样拼命，前方还是有无限的工作在等着自己。如今，我才懂得这背后的道理是什么。

这种道理不仅适用于回邮件，在处理社交媒体信息的时候同样适用。

> **Point16**
> 集中时间回复邮件。

这点儿小事，有必要让别人帮忙吗

一旦意识到自己和同事都将在下午四点下班，人们就会思考如何在有限的时间内完成任务，自然有可能意识到在不经意间给彼此增加的工作负担。

这是因为，人在做事的时候，难免会怀疑自己是否有必要在这项任务上花费这么长的时间。出于这种考虑，我们常常也会怕给对方添麻烦。

举例来说，当你嘱咐下属复印会议资料时，你可能会短暂地怀疑"这么点儿小事，我有必要让下属来干吗？"或者"我真的需要这份资料吗？"等。

久而久之，我们便会时刻想着别为难自己，当然也别为难他人。

也就是说，为了让自己和他人都能充分享有私人时间，在有限的时间内，如何高效完成任务就成了关键中的关键。

从这种角度思考，我们就会发现自己并没有太多时间可以浪费，进而认识到对方的时间对他们来说同样宝贵。

因此，为了能够拥有和身边人享受休闲时光的闲暇，我们绝不能被一些琐碎小事困在牢笼中。为了彼此都能够高效工作，我们切忌为难自己，也切忌给他人添不必要的麻烦。

Point17

在工作时间上别为难自己，也别为难他人。

专栏 当今的优秀青年

以"善于平衡生活与工作的国家"闻名于世的丹麦，实际上早年间很少有人有这样的意识。

我的婆婆现在已经七十多岁了。有一天，她对我回忆起她工作的年代，那时很少有人因接孩子而早退。如今时代变了，带娃工作两不误的家庭已经随处可见。

除此之外，丹麦人的职业观似乎也发生了变化。四十多岁的建筑师索伦说到，那个年代，职场中拼命打工的实习生并不少见。他们很重视上下级关系，不辞辛劳地工作着。

与之相比，如今的人们已经能够很好地平衡生活与工作。即使是刚踏入职场的实习生，也能够划清生活与工作的界限，到了四点就下班，绝不多花一分钟在工作上。

然而，索伦却没有轻视这样的年轻一代，相反，他表示非常佩服。

"**如今的年轻人，个个都无比优秀**。大家都能够独立承担工作任务。之前，当我看到有学生长期自主地完成一个项目时，也会不自觉地感慨。而且他们技能扎实，善于使用社交媒体和网络，因此也非常具备全球视野。"

如今，像索伦一样，越来越多的人开始认可优秀的年轻一代。在丹麦社会里，并不存在"年功序列"⊖这一概念。因此，在采访中毫不吝啬对年轻人的夸奖的中年企业家索伦，的确给我留下了很深的印象。

⊖ 日本企业按职工年龄、企业工龄、学历等条件，逐年给职工增加工资的一种工资制度。

坚决守护私人时间

拥有更多私人时间成为工作动力

要想彻底捍卫自己的私人生活，需要一定的"觉悟"。

有时，本想认真地投入到工作任务中去，但无论怎样努力，总是有无穷无尽的任务摆在眼前。或者，每次都想最后再做一点儿收尾，最后抬头一看墙上的时钟，早已过了下班时间，本该属于我的休息又被剥夺了。

为了避免这种情况发生，我认为有一点不可忽略。

那就是拥有捍卫自己私人时间的"觉悟"。

正如前文所说，在丹麦家庭中，一旦习惯了以工作为借口忽视家人，就会一不小心陷入离婚的危机。这是因为夫妻共同劳动，分担家务、育儿的家庭模式已经深深根植丹麦社会。

夫妻双方若某一方最近工作繁忙，则需要两个人一起商量平衡的方案，做出一定的调整。在度过繁忙期、重新找回平衡之后，原先忙碌的一方要多陪伴家人，对之前的疏忽进行补偿。

即使夫妻二人有了孩子，对于这个家来说，最重要的依然是与家人共处的时光。同时，夫妻二人会互相尊重对方的事业，并根据对方工作的具体情况对自己的工作时间做出调整。

让生活被工作完全占据，就等于给了伴侣离开自己的机会。在丹麦男性的身上，我似乎偶尔能微微察觉到这样的压力。

我抱着这样的想法，试着问了一些人。结果显示，半数以上的男性认为，早早下班是出于他们的自愿，而非来自妻子的压力。换言之，他们非常重视陪伴家人的时间。

正因为我们拥有捍卫自己私人时间的觉悟，所以有在工作时间内高效完成任务的动力。因此，我们不得不去思考在有限时间内高效工作的最佳方法。

Point18

拥有捍卫私人时间的觉悟。

到点就下班

在丹麦，过了下午三点，无论男女，所有人都会纷纷开启速归模式。我认为，这在某种程度上甚至有些"严格"，至少对我来说是如此。

丹麦人之所以能够超高效工作，正是因为他们严格规定了下班时间。他们通常四点下班，甚至有时因为要接孩子去上兴趣班，两三点办公室就已经不见人影了。

这样一来，当人们意识到一天的工作时间只有集中的几个小时，且必须要在这段时间内将定量的工作任务完成时，便会认真进行时间管理，妥当安排工作。毕竟时限摆在面前，想不打起十二分精神都难。

因此，无论是两点还是三点，像丹麦人一样，即使心不甘情不愿，也一定要严格遵守下班时间。从结果来看，这确实不失为一种提高效率的绝佳方式。

> **Point19**
> 规定下班时间。

午休半小时

在丹麦，由于下班时间太早，所以吃午饭的时间便大大缩水。对丹麦人来说，基本上需要在三十分钟内就把午饭解决。

不知道以下描述是否符合大家心目中的印象？

在日本，人们会把上午和下午的工作完全分开，因此，享受午餐的时间绰绰有余，甚至还有时间小憩片刻，给自己充充电。然而在丹麦，人们习惯于一口气将工作做完，因此中午吃饭和休息的时间就只好控制在三十分钟以内。当然，他们可以早早就回家，利用大块时间休息。

对于这种模式，可能很多人会觉得丹麦企业缺少人情味。虽然在某种程度上的确如此，然而，这对于维持人的工作最佳状态是再有效不过的。

说起来，虽然越来越多的丹麦人开始在短暂的午饭时间上下功夫，但实际上在这样紧锣密鼓的工作环境中，并没有多少用心的余地。若像日本一样，便当既便宜又精致，人们就会开始为午饭吃什么而犹豫不决，午餐时间也就大大延长了。

顺便一提，丹麦职场的午休时间比日本要早一些，一般在十一点半到十二点半。

当然，丹麦公司里多配备食堂。到了午餐时间，人们会和同事一起吃饭，聊聊日常生活和工作内容。而且这段时间里，他们并不会考虑上下级关系，对座位也没有讲究。人们的聊天，单纯只是人与人之间分享欢乐的放松时间，无论是经理还是实习生，大家都融洽地坐在一起，享受这段难得的悠闲。

在短短的三十分钟午休时间结束后，人们便会纷纷切换回"职场模式"，然后集中精力工作，最后迅速下班。

> **Point20**
> 在午休时间享受片刻畅聊。

自主调整工作时间

对于重视私人时间的丹麦人来说，"弹性工作制"是他们生活方式的基础。一般来讲，丹麦人每周工作时间为三十七个小时，大部分公司都使用弹性工作制。

"弹性工作制"，相信很多人都听说过这个词。顾名思义，这个制度指的是在一定的期间内，规定总体劳动时长，在完成任务的前提下，员工可以灵活自主地选择工作时间。

比方说，丹麦职场的标准为一周工作三十七个小时，那么员工在保证完成这三十七个小时的前提之下，可以自己决定开始和结束时间。

对于有孩子的夫妻来说，将孩子安排在保育园的日子，上班就不用那么着急。反过来，接孩子的日子就要选择早点儿下班。当夫妻二人都遵循弹性工作制时，两个人在时间上便可以互相通融，随时调整安排。

我们甚至可以说，对于有孩子的家庭来说，弹性工作制就是"灵魂"。

在接受采访的丹麦人之中，弹性工作制的设置收获了一众好评。

甚至有些人为了遵循制度，选择在上班前接受我的采访。文森特先生就是其中一位。

据文森特所说，他的生活离不开弹性工作制。孩子已经自立，因此他的日常生活没有定式，可以按自己所需灵活调整。

"有时候我早上七点就上班了，有时候十点上班也无所谓。就像今天，一大早我就来接受采访了，我现在是刚起床的状态，哈哈。"

文森特的采访安排在了早上八点开始。在此之前，我从未想过一名大企业家的生活会如此惬意悠闲。多亏了弹性工作制，采访进行得顺利而又轻松愉快。

> **Point21**
> 活用弹性工作制。

居家办公，一举两得

接下来，我将介绍与弹性工作制并称为两大法宝的"居家办公制"。选择居家办公可以有多种原因。比方说，在家照顾生病的小孩，去医院做定期的身体检查，家里在进行房屋维修，家人过生日，等等。人们因各种原因选择居家办公。

在新冠疫情暴发之前，丹麦人就已经开始使用居家办公制了。当然在疫情之后，越来越多的人开始采用这种方式。而且，人们还会根据工作内容，选择适当的场所进行办公。

比方说，在做需要集中精力去做的工作，不想被人打扰时，人们一般会选择在家里办公。家离公司远的人，为了省去通勤时间，也会选择在家做一些不需要到公司完成的任务。

当然，不仅丹麦如此，如今的时代，任何无法接受居家办公的公司都会损失一定的人才。因此，让员工们根据自己的生活随时调整工作时间，并为其提供自由办公的良好环境，是一个公司留住优秀人才的不二选择。

只有创造这样一种"工作生活，两者兼得"的轻松氛围，员工们才会真正爱上工作，进而生产效率也会大大提高。同时，辞职率也会相应降低，这对公司来说何尝不是一种"两全其美"呢？

Point22
允许员工灵活选择居家办公。

做家庭计划，缓解育儿焦虑

正如上文所说，使用弹性工作制和居家办公制对工作进行灵活安排之后，无论是夫妻之间，还是同事之间，彼此每天的工作时间都会成为不确定因素。这时就需要派出我们的法宝：每日计划单。

在丹麦，几点上班、下班、接孩子、送孩子……大多数夫妻都会互相报备行程。无论男女，大家都会把家里一天的安排写在日历上，并根据这些安排制订相应的工作计划。

海伦女士在抚养三个孩子的同时担任着公司团队的领导，她的秘诀，就是制作能时刻确认每个家庭成员计划的"家庭日历"。

每周星期日，他们夫妻二人都会确认并商量好下一周的个人计划。

从哪天需要提前上班，推迟下班，到谁来出席家长会，谁来接孩子上下学，谁来做早饭，等等。事无巨细，乍一看与上班的工作安排并无两样。

而当我问到他们对于家务和育儿的分配是否有

过争执时，海伦自信地回答：

"我们一次架都没吵过。只要我们好好商量，就能制订出两个人都满意的计划。我想，这可能是因为**我们都在心底里认可对方的工作，尊重对方的工作意愿吧**。"

听完海伦的回答，你有什么想法吗？

听完她的回答之后，我瞬间恍然大悟。正是因为他们能够认可对方的工作，才能做到互相尊重和理解，平等地分担家庭事务。一旦有一方认为"自己的工作更重要"，就不会达到现在的平衡。

海伦的丈夫是大企业 IT 部门的总管，因此很多时候，他会开会到很晚才回家。而海伦也经常有连续几天出差的需求。即便如此，夫妇俩依然家庭工作两不误，将一切运转得很顺利。

在家庭与工作之前辗转的日常生活中，海伦最珍贵的时间，便是早起后自己独处的十五分钟。

早上六点半起床，享受朝阳的疗愈，做体操，度过悠然自得的十五分钟，用海伦自己的话来说，这是"向太阳问好的仪式"。

所以,即便是短暂的十五分钟,对于海伦来说也尤其珍贵。在那之后,沐浴更衣,叫孩子起床,海伦的一天由此开启。

> **Point23**
> 制作家庭日历,和伴侣确认隔周计划。

> **Point24**
> 一个人享受早起的十五分钟。

兼顾工作、家庭的秘密

为了和家人共度晚间时光,丹麦人在下午四点就回家。这背后究竟隐藏着怎样的"极速工作法"呢?

读到这里,肯定有人会问,他们真的能在下午三四点钟就将一天的工作都做完吗?如若不然,国际竞争力位居榜首是如何实现的？

其实，这其中隐藏着不少窍门。

现在，我为大家揭晓答案。实际上，虽然有些人能够在规定的时间内完成所有工作，但也有不少人会将剩下的工作带回家。夜晚，等孩子们进入梦乡之后，再花一到两个小时处理未完成的任务。

也有人选择迎着朝阳，在家人还在熟睡时处理工作。

这样看来，即使是超高效率的丹麦职场人，也有无法在规定时间内完成工作的时候。不知道你读到这里是否会感到有些失望。

我却觉得，正因如此，丹麦国际竞争力位居榜首的事实才更加有迹可循。在了解了事实之后，我们也自信了许多，觉得自己也能够达到丹麦人的水平。

丹麦人非常勤奋，与日本人认真严谨的性格略有不同，对他们来说最重要的是担负起自己分内的责任。正因如此，他们会将必要的工作带回家中，在晚间或者清晨找时间完成。

当然，是否将工作带回家和职业也有一定的关系。有些工作需要在公司完成，那么就没有必要多此一举。对于企业主管等职位来说，早晚花上一到两个小时工作的大有人在。

在丹麦生活的日本人，绝不会将"懒惰"等形容词用在当地人身上。虽然他们早早就下班回家陪伴家人，但在充分享受私人时间后，晚上九点左右，便又开始积极地回邮件，沉浸式工作。

尤其是像企业主管这些责任重大的职位，没有完成的任务绝不会拖延到第二天正式上班之前。

听完这样的描述，你是否刷新了对丹麦人的认知呢？

我对丹麦人家庭工作两不误、认真生活的态度和责任感一直都刮目相看。

丹麦人之所以能够下午四点回家，是因为他们能够很好地平衡家庭和事业。

总的来说，他们虽然不能在下班之前将工作全部完成，但是为了家人，他们宁可在下午四点早早回家，把工作留到晚上去做。

时刻责任在肩的企业主管和自营业者们要想平衡家庭与工作，这样的生活方式对他们来说是不二选择。

秉持着"两者兼顾"的态度，而非二者舍其一，这才有了下午四点就回家的工作模式。

> **Point25**
> 即使工作没做完，也坚持按时下班。

为成长和热爱追赶工作

如上所述，丹麦人经常"加班"。然而，作为企业主管或自营业者，是没有额外的加班费的。

即便如此，除了某些职业，丹麦人在加班的时候并不会像我们一样苦不堪言，因为加班是他们自己的选择，而不是有人逼迫。

"没错，有时我会把工作带回家晚上去做。但是，**并不是有人要求我才去做的**。那样的话就成了强迫了。"

也就是说，公司从来不会强迫员工加班，而是员工自己认为多多益善，才做出加班的选择。

采访中，绝大部分人都证明事实正是如此。

丹麦人并非完全没有压力，只是在他们的言语中感受不到被"压迫"的意味。因为他们会主动"追赶工作"而不是被工作"追赶"。丹麦人为了让自己安心而劳动，或是为了让第二天的工作更加顺利而付出努力，才做出了这样的决定。

休息时间仍然努力的丹麦人，实际上是出于对自己职责的考虑。

对于他们来讲，工作不仅仅是挣钱的手段。工作是不断深入探索自己热爱的领域，是通过自己的岗位为社会做出贡献，是自己为社会付出的具体体现。同时在这一过程中，实现了个人成长。

在丹麦，虽然也有下班就将工作抛诸脑后的人，但披星戴月地工作的员工大有人在。因为自己做的是有意义的工作，是能从中获得幸福感的工作，是赋予自己使命的工作……所以才会自愿选择加班。当然，这不代表着私人时间不重要。

热爱自己工作的人，无论是私人生活还是工作都能做到尽善尽美、出色地平衡。

> **Point26**
> 剩下的工作，留到晨间或深夜。

支持伴侣活出想要的人生

看似悠闲度日的丹麦人，实际上每天都在辛勤劳动。我认为，是对工作的热爱以及责任感驱使他们不断进步。

在市政府担任管理岗的哈塞先生，每天需要从早到晚地工作，基本上一天二十四小时脑子都被工作装满了，只有在放长假的时候才能暂时将工作抛在脑后。

哈塞周末的时候也要一直确认消息，每每有工作电话打来，都需要及时回应。休息日的时候，也得一边做别的事，一边思考着工作的种种。

因此，哈塞一直被妻子提示不要过分关注工作。甚至孩子长大之后，也经常对父亲如此繁忙而表示不满。

哈塞称，孩子们曾经说他"对我们和家人们都不关心，我们总是缺少爸爸的陪伴"。他既伤心又感到有些后悔。孩子们迎来叛逆期的时候，哈塞不得不对原来的生活方式做出改变。

现在的哈塞，工作日坚持六点就回家。有时候会把工作留到晚上处理，但周五下午一定会四点下班陪伴妻子。他们会一起散步、看音乐会或演唱会，甜蜜地度过这段时光。

哈塞的妻子也对自己的事业满腔热血，是名副其实的"工作狂"。她是大学里的一名全职顾问。

我向哈塞询问了对于妻子作为全职顾问上班的看法。我本以为，哈塞可能会更多地希望妻子能够

"回归家庭",但对于这一点,哈塞给出了截然不同的答案。

"如果我想通过自己的工作为社会做点儿什么,那么我的妻子也有同样的想法不是理所当然的吗?既然我有权利追求自己的理想,那么,我的妻子也当然有权利活出自己的人生。所以,**我真心希望她能够像我一样做自己想做的事。我通过工作变得更加自爱,也希望她能够因为工作,遇见更好的自己。**"

哈塞对自己通过工作为社会做出贡献感到无比满足,因此,他真心祝愿另一半也能够踏上属于自己的喜悦人生路。

在我采访的人中,夫妻二人均热爱并努力工作的丹麦人不在少数,他们大多数也不会因家务和育儿争吵不休。

图 2-1 展示了典型的丹麦人如何安排一天的生活。

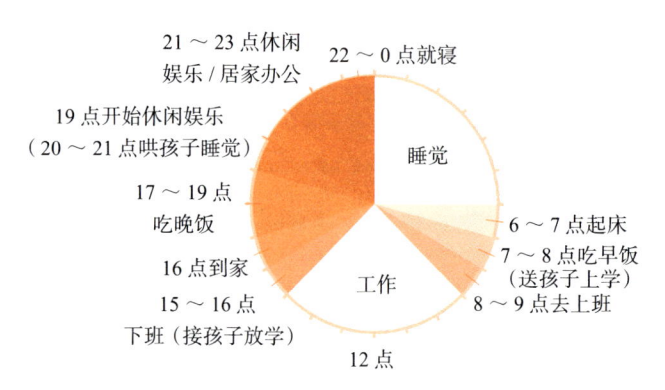

典型丹麦人一天的安排:
- 6～7点起床
- 7～8点吃早饭（送孩子上学）
- 8～9点去上班
- 12点
- 15～16点下班（接孩子放学）
- 16点到家
- 17～19点吃晚饭
- 19点开始休闲娱乐（20～21点哄孩子睡觉）
- 21～23点休闲娱乐/居家办公
- 22～0点就寝
- 睡觉
- 工作

图 2-1　典型丹麦人一天的安排

这些稀松平常的每一天，都多亏了伴侣之间互相尊重。在其背后，有着最简单的对权利对等的思考，即自己所拥有的权利，伴侣也理所应当拥有。

工作不仅仅在于挣钱，通过工作，自己与另一半都会提升自我价值，以自己的方式锻造精彩人生。夫妻二人都能全职工作，就是因这样的思考方式才得以实现。

Point27

伴侣也有掌握自己人生的权利。

慢下来，会更快

保持自己的内在能量

丹麦职场处处充满了松弛感。

正是因为有了这份松弛感，丹麦人在提到"工作"二字时，才不会感到有沉重的负担时刻压在自己身上。

实际上，这种松弛感对工作效率来说，绝对是重量级法宝。

由匠人级建筑师雷姆·库哈斯先生率领的OMA（大都会建筑事务所）团队设计的、临水而建的复合型建筑BLOX，在2018年正式开始使用。在BLOX建筑中，有一个名叫"BLOXHUB"的共同办公中心受到了广泛关注。[20]

BLOXHUB 作为创新型办公中心，推动了全球范围内的城市可持续发展。成为其会员的条件为参与任何形式的城市可持续发展事业。从自由职业者、初创公司，到世界大型企业，乃至大使馆，各地的会员在此济济一堂。

身为会员，可以与最前沿的可持续发展事业的企业或私人合作，以此构建社交网络。会员们以哥本哈根为中心，其社交网络覆盖全球各地。

接下来，我将带领大家了解 BLOXHUB 的具体情况（见图 2-2）。

图 2-2　丹麦共同办公中心 BLOXHUB（摄影：针贝有佳）

当我身临此地时，才发现这里是充满随性与松弛的自由空间。

比起办公室，它给人的第一印象更倾向于休息大厅，并且，不是那种酒店大堂略带严肃氛围的大厅，而是宽敞的咖啡厅，有一种明亮、轻盈的舒适感。

身处于此，我感受到了生机勃勃。

内部会议室的设计也极具巧思。有的区域里，椅子设计成了秋千的形状。不仅如此，整个中心的桌椅都形状迥异、色彩万千，仿佛只看一眼就可以迸发无数艺术灵感。

BLOXHUB的首席通讯官安布里特女士在一周内带我游览了整个中心，并告诉我这些室内设计中的"游乐"元素，都是设计师的精心安排。

"在严肃、窒息的空间里，人们是无法产生创意的。只有在开放、自由的空间里才有可能实现灵感的迸发。"

在共同办公中心BLOXHUB里，设计师为了使用者能够彻底解放身心，将空间内部设计得随性且充满趣味；为了能够最大限度发挥其功能，设计师将各种设施的外观以迥异的形状呈现给人们。

解决社会问题的突破点，总能在各界人士的灵感碰撞中，以及随性的互相交流里诞生。

BLOXHUB 招待五湖四海的各界人士，将他们聚在一起召开早餐会或玩宾果游戏，活动数不胜数。

每天清晨打开窗户，新鲜空气涌入屋内，室内外的空气形成循环。安布里特称，自己就是一边想象着诸如此类的场景一边工作的。

的确，听完她的话，我回想起自己在发挥创意和获得灵感之际，需要的并不是严肃封闭的区域，而是松弛感满满、开放包容式的空间。

安布里特继续说道：

"在良好的氛围中精神百倍地工作的人，总能在不知不觉间找到问题的突破口。只有享受工作，才会迸发灵感，解决方案也才会随之而来。所以说，**最重要的是，坚信内心的能量能为自己源源不**

断地带来动力。进而，人们在彼此的能量交互之中，产生良性循环。由此产生新的想法，并做出优秀成果。"

由此看来，如果你想在工作中做出成效，相比于花时间和选方法，不妨试试将自己的能量"保鲜"。

什么最重要？我认为，是使用自己内在的能量，并创造将这份能量"保鲜"的工作环境。除此之外，好好思考能让自身感受到正能量的空间，并在脑海里描绘这个空间的种种细节。

在你脑海里第一秒浮现的空间，就是最适合你的理想工作空间。

Point28
创造松弛感满满的开放式空间。

精致不是必须

松弛感不仅限于工作环境，着装也一样。

来自澳大利亚的马特刚开始在丹麦工作的时候，就因丹麦人的松弛着装而感到震惊。

对于日本人来说，澳大利亚人的穿搭已经十分随意。对于"更上一层楼"的丹麦人，马特如此说道：

"我在家乡的时候，每天穿西装、打领带去新闻电视台上班。**当我见到丹麦人全都轻装上阵时，着实被震惊了。**"

你基本上看不到丹麦人做一些所谓的无用功。他们崇尚实用主义，尤其是在工作时，该完成的会加倍认真完成，而不去在意那些表面功夫。

在工作场合中，打耳洞、文身的教师或幼儿园老师随处可见。穿牛仔裤和衬衫的男性大多是商业人士，且这样的打扮已经称得上是"华丽的装扮"。

在街上，你基本看不到打领带的男人。偶尔看到这样的着装，你甚至会想："今天难道是什么特殊的日子吗？"而且，他们普遍有着十分高的回头率。

在这里，我会用"放松"二字来形容丹麦人的生活。

即使你一身睡衣，也可以大胆出门。因为没人会随意评价你的着装，或向你投去异样的目光。

每天，大家都会穿着自己的便装出现在公司里。即便如此，工作也能顺利进行，甚至可以说正因如此，人们才能不去在意表面功夫，将精力集中到需要完成的工作上来。

只要细心观察丹麦人，你就会发现，他们内心始终存在一个理念，那就是，衣冠楚楚、仪表堂堂固然光鲜，但与工作的实质并没有任何关系。

大家想想看，我们工作最终是为了什么？我认为就是为了做出成效。

形式、手续、规矩等统统都是身外之物。

更准确地来讲，虽然这些偶尔会成为工作中必要的一部分，但我们大可不必被这些身外之物困住手脚。

因为工作的目的是取得成果，并不是一味地贯彻形式主义。

在这里，我希望大家都能够轻装上阵，投入工作。

也希望大家都能够省去身外之物，心无杂念地朝着工作目标前进。

正因存在这些放松的职场文化，我们才能够将杂念抛在脑后，一心一意地投入工作之中。

> **Point29**
> 适当抛弃外表、形式、手续、规矩，一心一意地工作。

站着还是坐着工作？都行

对于丹麦的职场人来说，自己的身体状态也很重要。

站在办公室里一眼望去，你立刻就能发现一个现象。

那就是有些人固然会坐着办公，但也有一些站在工位上敲键盘的人。

久坐在尺寸过大或过小的桌子前，对身体有极大的损害。即使桌子大小合适，久坐对身体也无益处。为了守护员工们的身体健康，能够调节高度的"升降式办公桌"渐渐成了现代人的职场好物。

放眼望去，宽敞、明亮的办公室里，桌面或高或低，宽阔地排开。你立刻就能感受到丹麦社会的本质——一切为了员工。

曾经无比佩服这点的我，如今也终于可以"站"在这样的升降桌前，为大家孜孜不倦地创作本书。

> **Point30**
> 守护健康，使用升降式办公桌。

冲刺结束，该取悦自己了

读到这里，相信大家可以总结一点，那就是，丹麦人的职场松弛感来自"不勉强自己"的舒适氛围。不给员工的身心添加负担，对于如何才能舒适地工作，由员工定。

"只有员工们充满精气神，健健康康，以最佳状态投入到工作中，效率才能有所提升。**相反，要是员工在身心疲惫、情绪不高涨的状态下工作，效率是必然不可能上升的。**"

我采访了众多人士，大家都仿佛心有灵犀一般，给出了相同的回答。

"努力""毅力""忍耐"……这些日本人经常挂在嘴边的词，丹麦人却将它们束之高阁。

他们普遍认为，为了保证时刻热情饱满地投入工作，"休息"才是最重要的，以此为自己持续不断地提供能量。

正是得益于好好"休息"，职场人才能在关键之际将能量拉满，拿出最好的状态。

建筑师索伦称，他在设计大赛来临之前会全身心地投入工作当中。在分晓胜负的决赛，他会燃起一万分的热情，一心向着获胜，整日整夜地沉浸于自身的事业。

然而，在那之后，他会花大量时间充分休息，将自己被工作占据的休息时间弥补回来。

在丹麦，这样的工作—休息模式几乎已经成了定式。

因此，他们不会为了补上自己应有的休息时间而特意向公司请假，因为这是常识。对于公司来说，在员工长时间连续工作之后，会默许他们缩短工作时间，好好休整一番。

索伦说，把因为完成工作所花的超额时间在工作结束后补回来是格外重要的。

他还提到，当需要集中工作的时间达到几周之久时，便会偶尔抽时间，有意识地让身心得到充分的放松和休息。

"无论你做一个项目多么干劲十足，要是连续几周，甚至没日没夜地工作，即使是超人也达不到时刻精神百倍。我的话，**偶尔会做一段时间的休整，这样一来就能铆足力气迎接最后的冲刺阶段**。"

感到有些勉强的时候，就让自己歇一口气。感到疲惫的话，稍微停下脚步也没关系。为了不让疲劳一直跟随我们，适当的休整对保证充沛的精力并热情地投入工作来说格外重要。

一时之努力，不等同于一世之努力；一时之坚持，不能换来终身的坚持；一时之忍耐，也不代表我们能够永远撑下去。

当我们想要尝试稍微逼自己一把时，在那之后，我们值得将失去的休息时间补回来。为了达到最高的效率和最优的生产率，我们应当学会好好给自己"放松"。

一天、一周、一个月、一年……大家会选择让自己休整多久呢？顺便一提，"休息"指的并不是单纯地躺在床上睡大觉，而是去寻找、去度过让自己感到幸福的有效自由时间。

招待家人朋友聚会，在家花一下午烤上两个香喷喷的面包，做手工，阅读，散步或者运动……这些，都是有效休息的良好选择。

下一次，当你感到急需充电的时候，无论多忙，都希望你能试着取悦自己的身心,去创造幸福愉悦的属于自己的休闲时光。

> **Point31**
> 要想保持精力充沛,需要适当"休整"。

每天都要让大脑清零

在大学里边做研究边为企业提供 IT 技术支持的埃里克是热爱工作的典型代表。就连工作以外的时间,他都会主动去寻找感兴趣的课题,并搜索与学习相关知识。

然而,埃里克的一天似乎比想象中要轻松很多。两三点钟结束工作后去保育园接孩子,下午四点到家,五点半左右一家人开始吃饭。晚上,孩子睡着之后,他会选择看一会儿电视进行放松。

对于埃里克来说,看电视放松的时间格外重要。通过这样的休息可以让自己养精蓄锐。埃里克把这称为"让头脑归零"。

一天结束之后,通过"让头脑归零"这一环节,能够使自己重整旗鼓,精力充沛地进入第二天的工作。

> **Point32**
> 一天结束后,"让头脑归零"。

每周休息三天,大脑更灵敏

弹性工作制的本质是,在人们不堪重负时提供一个休息的机会。

前一天加班,后一天便可以早退;不间断地完成一项大工程后,便可以休息一段时间,像这样灵活调整自己的工作时间。

身为网络环境管理员的卡斯滕,时刻都在利用弹性工作制。卡斯滕和公司交涉,希望能够一周出勤四天。也就是说,延长周一到周四每天的工作时间,周五到周日连休三天。对此,卡斯滕解释道:

"一天工作七个小时对我来说太短了。我以前的岗位一天工作十二个小时,我已经习惯了。所以对我来说,延长每天的工作时间,然后连休三日是最好的选择。这样的模式对我来说正好。"

我更惊讶的是,公司竟然爽快地同意了他提出的方案。

当然也不难理解,对卡斯滕本人来说,这确实是最高效的工作方式。因此,公司的同意实际上是两全其美。

像卡斯滕一样,能够大胆运用弹性工作制,让自己最高效地工作,可以说是一种史无前例的工作风格的探索。

卡斯滕的这种想法,某种意义上来说十分合乎逻辑。

推动企业和市自治团体实施连休三日制度的公司"归还时间",其老板佩妮莱曾说,这样的方式,能够提高生产效率,进一步提高员工的工作满足感。

佩妮莱对这一机制阐述了自己的想法:

"增加一天休息日,就是延长大脑的休息时间。**放松头脑,重新观察事物会有不一样的发现。**

"休息一下可以让人'重获新生',为自己补充工作需要的能量,并再次投入到工作中来。"

实际上,按照佩妮莱的方案实施三日连休制的企业总经理,给出了如下反馈:

"(休息日的)星期五是我们最宝贵的一天。**平时解决不了的问题到了周五就能迎刃而解。**"

简单来说就是这样一种情况。

比方说,和家人或宠物在森林里散步时,突然就想到了一直困扰自己的问题的解决方法。或者,看着电影,突然灵光一现,灵感接踵而来。

每逢周五,做一些与工作无关的事,很可能就会在不知不觉间找到灵感,突破尚未解决的难题。

"你有没有那种时候,比方说洗澡时灵感突然袭来。**大脑越得到充分休息,就越容易获得灵感,越容易产生'灵光一现'。**而且充分休息过后,学习新知识也会变得容易,幸福感也会上升。"

正在阅读本书的你，是否已经跃跃欲试了呢？

虽说如此，但突然下定决心连休三天需要一定的勇气。而且，就日本的公司来讲，很可能并不会爽快地同意。

"也有很多公司不希望让员工如此休假。这种情况下，**我会建议在星期五尝试一下不同的工作方法**。比如作为公司老板，将周五设置成'灵感日'，或者让员工听自己想听的讲座等。每周一天，像这样尝试一下和平时不同的工作方式。"

比起每天不间断地做相同的工作，每周选择一天尝试一些新花样，能让自己抽身，更加清楚地分析全局。

比如，学习一门新的技能，能够让效率有所提高，也可能帮助你在普通的生活中碰撞出新的火花。

现在，你的脑海中一定会浮现出一两件一直以来想做的事吧？

被手头的工作压迫得身心俱疲的你，是否总会觉得堆积如山的工作怎样都做不完？尤其是陷入死循环时，无论怎样都思考不出解决方案。每当这时，其实只要做一些别的事情，将视角转变一下，可能不经意间就会"柳暗花明又一村"。

下一次，当你遇到绞尽脑汁也无法解决的问题时，至少每周一天，不妨尝试一下冲破束缚，打破常规，做一天不被定义的自己。

> **Point33**
> 一周休息三天，或选择一天从定式里抽身。

不妨散散步

说到能让大脑好好放松的方式，我推荐每天散步。

丹麦人几乎每天都会散步、慢跑，或骑自行车运动。虽然因人而异，但大多数人的健康意识都很高，将运动视为极其重要的日常。

举一个身边的例子，我的丹麦人丈夫和嫂子就经常出门散步。我的丈夫在做软件开发的工作，当他灵感枯竭或感到疲惫时，就会离开办公桌走进大自然。

我和我丈夫一起工作的时候，经常会听到他说，"我出去走一圈""我去把三明治馅买回来"。接着他就会在楼下悠闲地散起步来。

于是，当我问他经常下楼散步还怎么完成工作时，他回答：比起久坐在办公桌前，去外面呼吸一下新鲜空气，能够更好地帮助我产生新灵感。

我的嫂子是教育机构的成人心理学教育讲师，她的日常休闲方式也是外出散步。

工作日的傍晚，以及周末，她都会去树林里走上两圈。

有一部分是为了锻炼身体，或为了控制体重，但当然，最重要的是一边散步一边听播客，学习并思考工作内容或在脑海里写论文。又或者，她单纯只是想悠闲地走两圈，思考一些琐碎小事。在丹麦人身上你会发现，长时间面向办公桌的工作并不能称之为真正的"工作"。

相反，将自己的日常生活留白，通过做其他事，将所得的灵感、知识，以及技能再运用到工作中去，才是工作该有的模样。这样的工作，最终也会最大限度地给予自己回报。

Point34
散步是灵感之源！

长假是必需品

丹麦人普遍认为，休息和工作密不可分，两者绝对不是相互对立的。

没有休息，就无法完成工作。一心只想着工作，身心疲劳，就无法提高效率。

这是丹麦人普遍的想法。在采访的过程中，大家几乎是心有灵犀般，一致认为休息是工作的必须。

因此，丹麦人的夏休时间非常充裕。

到了夏季，一般在7月份会放一次三周的长假。

有些员工也会在与公司商量后获得一个月甚至更久的假期许可。

正因如此，7月份的丹麦公司，各项社会功能都会停摆。诊所、医院等统统关门歇业，因此在7月，即使与他们联系，也会听到电话里传来自动回复的声音：如有急事，请拨打其他医院的号码。

7月虽然是旅游观光的旺季，但那里的员工通常也进入了夏休时段，因此有些地方的餐厅也暂停了营业。老实讲，7月的丹麦实际上处处不便。

然而，没有一个人对此有所抱怨。

这是因为，"人人都有获得连休的权利"已经成了丹麦人的一种共识。

既然自己拥有休假的权利，那么其他人也是如此。每个人都这么想，自然休假就成了易事。并且这样一来，自己在休假过程中的"罪恶感"似乎也减少了不少。

那么，丹麦人在夏休的时候都会做些什么呢？假期来临，工作是否会被彻底抛到脑后？

在采访中我得知，大部分人会选择去国外旅行；或者，在国内的夏日别墅里悠闲地野餐；抑或是二者皆有。毕竟，休假整整三周，想做什么时间都很充裕。

对于假期的时长，大多数人都表示三周正正好。最开始的几天里，脑海里仍会时不时惦记着工作，然而一旦踏上了旅行的飞机或火车，一瞬间，人们就会迅速切换成"假期模式"。在那之后，大家便会纷纷将工作抛在脑后，开始享受美好的悠闲时光。等到假期快要结束时，才慢慢开始考虑工作上的事情。

除此之外，在假期里也不乏有人将邮件设置成"自动回复"。

7月的长假来临，丹麦人都会在自动回复里写好自己或托付给他人的电话号码，并附上这样一段话："现在正在休假中。请×月×日之后再联系。紧急情况请联络××，谢谢。"有一回，我给一些人发送了邮件之后，这样的回复便一封一封地接踵而至了。

在丹麦，7月工作是"禁令"。正是因为即便发消息也不会有人回应，工作只是徒劳，才会被迫进入休假模式。

最近几年，我也跟随丹麦人学习了当地"潮流"，7月假期一到，就不会再碰工作。因为我知道，假期里固执地联系同事，只会给他们徒增麻烦。

这样的话，倒不如充分休息，给自己充满电，养精蓄锐后再重新回到工作当中。对于为了提高效率而善于休假的丹麦人来说，长长的夏休也不失为一种宝藏般的存在呢！

普遍来说，丹麦企业中有些职位可以获得一年五到六周的带薪休假。除了夏休，秋休（10月）和圣诞假期（年末和年初），以及冬休（2月）、复活节假期（3～4月）等，也经常会有其他国家法定假日。

再加上，工作日四点下班。

我不禁感慨，丹麦人休息这么长时间，工作如何做得如此出色呢？现在想来，正是因为他们能够毫无顾虑地充分休假，才能重新调整好状态回归工作。我不得不对这样的企业文化表示由衷的佩服。

> **Point35**
> 营造"我值得放假"的职场氛围。

专栏　尽在掌握的人生节奏

翻译家梅特·霍尔姆每天都有惊人的工作量。正是在读了她的译本之后，丹麦人开始疯狂地对村上春树着迷。

除了村上春树，还有川上弘美、多和田叶子、东野圭吾、村田沙耶香等，梅特·霍尔姆将诸多日本文学献给了丹麦。不仅如此，她还将黑泽明、宫崎骏等人的大量电影作品翻译成了丹麦语供国人欣赏。

迄今为止，梅特·霍尔姆翻译了众多作品，书店的一角因她的翻译而琳琅满目。在丹麦的书店里，她的译本总是摆满书架，不计其数。每次踏进图书馆，映入眼帘的便是她的名字。

梅特·霍尔姆的译本都十分优质。她会根据小说的世界观和登场人物的性格灵活运用文字，使其用丹麦语读起来，也能原汁原味。我最开始读她的译著时，着实被惊艳了。如果世界上有魔法，一定是她笔下的文字。

然而浏览她的 Instagram 时你会发现，她的主页

| 四点就下班 |　松弛感的人生计划 |

记录的都是她与孩子和朋友享受美食的照片、林中漫步的照片、慢跑打卡、自己举办讲座的照片、去日本和希腊旅行的点点滴滴……

虽然她也会晒一些有关翻译的日常，但我依然很好奇，那些数不胜数的翻译工作是在何时何地完成的呢？这着实令人感到不可思议。

于是，我拜访了她本人并展开了深度访谈。不过，虽然就相关问题进行了一系列提问，但最终她的工作方式仍然是未解之谜。只能说，她是从漫画里走出来的超人也说不定。

虽然如此，我依然想和大家分享在和她的对话中得到的种种启发。

在她的孩子还小的时候，霍尔姆的一天是这样度过的。

早上送孩子上幼儿园或者小学，七点半左右到下午三点为工作时间。到了三点便去接孩子，在那之后开始采购、打扫房间、做饭等。虽然也有陪伴孩子的时间，但在忙得不可开交时也会抽空完成工作。并且，在孩子睡下之后，她也会继续工作，两个小时后才进入休息时间。

她说，孩子们肯定会在每个晚上，听着我敲击键盘的声音入睡。

霍尔姆对自己的翻译事业满腔热情。当然，陪伴家人对她来说也非常重要，因此二者缺一不可。她提到，像这样做到家庭事业两不误，最重要的是顾全大局，时刻掌握好自己的人生节奏。

现在，在霍尔姆的日常生活中，时不时会加入散步、瑜伽等锻炼。据她所说，通过练习瑜伽，或独自一人散步几个小时，翻译工作会进行得更加顺利。要是没有了这些运动，工作将很难进行。工作和休息是相辅相成的。

和丈夫离婚改变了她的工作方式

接下来话题一转，她向我讲述起自己的故事来。

她说到，实际上，自己能够像现在这样一心从事翻译工作，某种程度上多亏了和丈夫离婚。

在丹麦，一对夫妻离婚之后，可以共同拥有孩子的抚养权。因此，很多分居的父母会选择轮流照顾孩子，每人一到两周。

梅特·霍尔姆在自己照顾孩子的时候就会相应减少工作量，而在前夫照顾孩子期间，她就可以放下压力投入到工作中去。如此循环往复。

正是因为有这样的生活方式，霍尔姆才得以制作完美计划，一心投入工作当中。可以说，从工作层面来看，离婚也是一种自由。

接下来，她坦然解释到，如果孩子一直跟着父亲，自己反而无法专心发展事业。

然而最让我感到惊讶的是，两人的离婚并没有想象中的"绝情"桥段。

每年大女儿的生日，她都会邀请自己的前夫以及女儿的继父——"两个父亲"一起为她庆生。

无论是生活，还是家庭，都掌握在她自己手中。将一切都处理得尽善尽美，正是因为她无论是对孩子，还是对前夫，都尽其所能做到最好。

听完梅特·霍尔姆的一番话，我想，自己是否也应该唤醒内心深处"自由的灵魂"呢？

> **Point36**
> 将人生掌握在自己手中——寻找自己的"人生节奏"。

第 3 章

人际关系很简单

在这一章中,我将带领大家深入了解丹麦人的"人际关系",这可以说是本书的灵魂。

丹麦之所以团队效率高,其秘诀正是在于职场人处理人际关系的方式。

在本章中,我想和大家分享三个内容:孕育出高效工作法的公司理念和管理方法、上司的职责,以及使团队协调高效运作的职场秘诀。

丹麦新颖的管理方式以及人际关系的处理方法或许会颠覆你的认知。

当然,如果你能接受并将其熟练应用,相信你一定会爱上自己的工作,待人接物一定也会与以往有所不同。

那么现在,让我们期待阅读成果,一同探索国际竞争力位居世界榜首的丹麦的人际关系!

跌倒了也没关系

桥要边走边造

正如上文所述，丹麦人无论是对待时间还是空间都有着满满的"松弛感"。不仅如此，他们对待一切事物都保持松弛的态度。下面让我们来具体分析一下。

"确认桥安全之后再渡河"，这是日本人的习惯。为了达到彼岸，他们将一切准备做到尽善尽美，无时无刻不追求完美主义。正因如此，日本制造多精益求精，质量出类拔萃。

然而在我定居丹麦的十三年之久的观察中，与日本相比，丹麦人更喜欢"边走边造桥"。

一旦看到对岸的形状，即便没有桥，他们也会想着"先出发",然后向着目标迈进。

当他们意识到缺少了桥就无法渡河时,便会开始尝试各种造桥方法(当然也会经历坍塌的情况),直到百般尝试后终于拨云见日,他们才真正开始着手建桥的大工程。

由此可见,他们偶尔会遭遇失败,也偶尔会发现前路不通进而不得不折返,之前的一切都变成"徒劳"。但正因如此,我们才可窥见丹麦人内心那份"轻盈",那份真正的强大。

大千世界,有许多事情都是我们不去尝试就无法知晓的。所以,与其一味地将时间浪费在出发前的准备上,不如尝试迈出哪怕一小步,这样把握整体也会变得容易。

丹麦人从牙牙学语时就开始接受"试错教育"。他们的父母在身边一次又一次地不断尝试复杂的手工,即使失败也不放弃。久而久之,他们也渐渐尝试忽略错误,去自己拼写文字。就这样耳濡目染,他们学会了大胆迈出第一步。

我在第1章提到，丹麦国际竞争力强大是因为他们有着超出常人的"先见之明"以及"随机应变的能力"。他们精准预测未来局势，并向着目标迈进。即便毫无准备，也能背好行囊，轻装上阵。

> **Point37**
> 向着目的地大胆迈出第一步。

计划变了很正常

在企业工会中连续几年担任管理层的肯尼特，现已升职为团队中的领导。关于丹麦人推进工作的流程，肯尼特向我们进行了简单易懂的说明。

"**我们团队虽然会制订大致计划，却也时常根据具体情况对计划做出修改**。一旦团队想要往某个方向发展，或确立了一定的目标，我们就会先尝试迈出第一步。然后在试错的过程中不断实践，不断学习新知识。中途一旦发现目标本身有误，就会立刻更换方向。

"我在这样的做法中看到了丹麦人独有的特色。**即使做出决策，也不会拘泥于此。**若中途想要更换方向，就会果断放弃原有目标。"

肯尼特这番话一语中的，生动地展现了丹麦人基本的处事态度。正如他所说的一样，丹麦人从来不会给自己贴上"始终如一""遵守决策""尊重计划"等标签。

虽说丹麦人充满了对工作的热情，勤勉认真，但他们并不认为"目标"或"规则"摆在那里就是绝对正确的。他们擅长随机应变，根据实际情况修改自己的判断。偶尔，他们也会将目标或规则本身加以修正。

一旦整体形势发生变化，在丹麦人面前依然固守原则的人很可能会听到他们说："目前状况已经改变，我们还是别再拘泥于原来的目标，是时候改变策略了。"

计划不是绝对的，过程千变万化。丹麦人之所以会有如此想法，是因为他们一开始就明白一切都存在变数。

然而，问题也随之而来。

这种全程都在调整计划的推进方式，是否会给人带来压力？

担任大学讲师并为企业提供IT技术支持的程序员埃里克对于这个问题给出了如下回答：

"我们丹麦人已经习惯了在日常中修改计划。我记得小学的时候，课程表就不是固定的。老师们会制订一个大致的课程安排，然后再根据情况做出修改。所以，**计划说到底只是计划，计划是赶不上变化的。**"

由此看来，粗略地制订计划，后续再根据情况改变方向，这就是国际竞争力位居榜首的丹麦人的基本思考模式。

Point38

认识到"中途更改计划"的可能性。

不可以没有计划

现在，我们开始允许自己修整计划，更换轨道了。

然而要知道，这与"毫无计划"和"全靠临场发挥"有着本质上的区别。大胆踏出试错的第一步，再准确把握局势，在此基础上将长远的计划逐步完善。这样的做法，并不等同于毫无计划的硬闯。

举例来说，埃里克会在工作前制订一份计划。若中途出现紧急任务，就会对原有计划做出调整。

或者，当需要和上司、同事或下属交换意见时，有时会选择在工作中加入会议。当然，不仅自己，对方也会制作一日计划表，因此需要时刻注意不打乱他人的节奏。

允许自己修改计划并不代表可以放任自己随波逐流。无论怎样变更，"计划"本身是不可或缺的。

学习经验丰富、善于操作各种机械、有着多年工厂经验的电工廷斯是职场上的老手，然而，他也有因职场困扰的时候。

"在运营不顺的工厂工作是一种什么体验？每天

上班，都是早上才知道当天的工作内容。等到出勤之后，主管才会当场宣布任务并下达指令。在这样的工作环境下，**我很难提前制订计划，总是有种被人推着上班的感觉。**"

毫无计划，就会感到压力和不安。即使我们深知计划存在变数，也应在心里画出大概的蓝图。

对于廷斯来说，一个好的职场，是能让员工独立制订计划并完成任务的自由平台。

我们需要制订计划，当然，是在不被其缠住手脚的前提下。因为，计划本就是可以视情况而修正的辅助工具。

> **Point39**
> 拒绝毫无目标，根据情况修改原计划。

失败了？没关系，一起面对

绝大多数丹麦人之所以能够大胆试错，勇敢迈出第一步，是因为社会环境对"失败"的态度非常宽容。

通过一次次的采访，我发现了丹麦与日本大相径庭的地方，那就是面对"失败"时的思考方式。

尤其是当对方是下属，而你是上司时，只有在对方失败时展现宽容，方可培养一支不惧怕失败、相信自己能够找到最优解、员工充满自信地投入到每一份工作当中的强大团队。

无论是怎样被看好的项目，怎样出色的员工，失败对我们来说都是不可避免的。

作为团队领导，率领着众多部下的海伦称，自己对于下属会遭遇失败丝毫不担心。对此，她解释道：

"下属犯错甚至失败时，我并不会感到忧虑。毕竟智者千虑还必有一失呢，谁都会有小失误。

"有时他们会主动向我承认自己的失误，有时需要我去主动发现并提醒。**但我知道，他们的失误并不是有意为之，所以我从来不会为这些生气。**"

当下属由于疏忽闯了祸，海伦会帮助一起积极解决问题。当酿成了无法挽回的结果时，她也会坦然接受，然后尽自己最大努力来填补缺口。

然而从始至终，她都不会选择去责备造成失误的人。为了避免同样的事情再次发生，海伦的做法是，耐心地和大家一起讨论可行的防错方法。

文森特曾在多家大型企业中从事制药工作，据他所说，一个能够包容失误的职场环境尤为重要。

在制药过程中，及时汇报疏忽与失误的环节起着不可忽视的关键作用。若没能及时报告，无论对于患者还是公司来说，都可能造成不可挽回的后果。

然而，文森特并没有感觉到"绝对不允许出错"的紧张职场氛围。在竭尽全力工作的日常中，即使出现了小失误，只要及时报告给同事或上司，再由大家一起思考解决对策即可。

"我现在的公司对失误非常宽容，基本上容许错误的发生，并以宽容的土壤滋养着员工们。毕竟，人都是要经历失败的嘛。"

> **Point40**
> 失败是人之常情,领导者应该宽容接纳员工犯的错误。

> **Point41**
> 及时报告失误→大家一起解决。

基于信任的上下级关系更轻松

对员工失败宽容以待的丹麦职场,从未流行过"微观管理"这一说法。

即,上司永远不会对下属的工作进行"钻牛角尖"式的检查。他们认为,领导在分配工作时,需要时刻给予员工以信赖。

基于信赖的"宏观管理",就是丹麦职场最大的特色。

实际上,大家可能没有注意到,绝大多数日本公司都以互相"不信任"为前提,并进行细致入微的检查和确认。这种"不信任",除了对对方的"不信任",也有对自己的"不信任"。由此,产生了日式"谨小慎微"式的管理模式。

拿日本公司的日常举例来说,上司需要下属时时刻刻给自己汇报工作进度。反过来,下属也时刻需要上司逐一批准和检查。这种追求细节的你来我往,乍一看使人放心,且易培养上下级之间的信任关系。(当然你不得不承认在某种程度上确实如此。)

然而大家是否注意,当双方建立了真正的信任关系后,那些因细碎烦琐的检查和汇报所产生的"一来一回"根本就是在浪费时间。

若上司由衷地信任下属,便不会一整天都追着下属问工作进展如何。

反过来,如果下属对自己的判断充满自信,或能够感受到上司对自己的信赖,也就自然没有必要时时刻刻向其询问工作是否出了差错。

由此想来,这种细致入微的检查和汇报,实际上可以说是来源于对对方和自己的不信任。若上下级之间建立了坚固的信任关系，这些琐碎的交流将不复存在。

当上司真心认为下属自己可以"顶天立地"时，我想才是建立起真正的信任关系的时候。

除此之外，若进一步思考，我们会发现这种检查和汇报不过是推进工作的一种形式，其本身是与工作本质毫无关系的。

我们为了得到上司的认可，渐渐学会了察言观色。比起完成工作，我们更加渴望得到上级的一句"干得不错"。同时，比起督促工作进度，位居高层的上司们也将精力和时间更多地浪费在"对下属的精神控制"上。

在这种时候，"基于信赖的顺畅沟通"，也不失为一种高效的良方呢！

所谓的顺畅沟通，自然是基于"相信对方"和"相信自己"。

> **Point42**
> 抛弃"钻牛角尖"式的检查，给予下属信任。

越信任，效率越高

那么，真正的丹麦职场人对于"宏观管理"到底抱有怎样的想法？请大家参考以下几位的见解。

"上司会放心把工作交给我们。公司能够运作起来，我们也是重要的一部分。**上司不会一一确认我们的工作，大部分都由我们自己来判断**。我们公司招进过一批掌管商品生产程序的中国员工，他们的工作方式似乎和丹麦员工完全不一样。他们无法自己做出判断，始终都是交给上司决定。"（文森特）

"在我看来，坚固的上下级信任关系以及宏观管理，是丹麦企业基本的共性。我觉得这种职场文化好处多多。**如果上司每天都来问我'工作得怎么样了？''进展如何？'，我估计会感到压力很大。**

"当然偶尔也会因此感到困扰。比如当我陷入工作难题，去寻求上司的帮助时，他们反而会鼓励我'你能行，我相信你'。这种时候就会有点儿束手无策，哈哈。但基本上，这种省去烦琐检查的宏观管理方式，我认为优点是大于缺点的。"（马特）

"在我工作的工厂里面，大家都有自己安排工作计划的权利。每个人都各司其职，积极地从事着自己擅长的领域。比方说，善于做计划的电脑高手就是团队的计划担当。擅长找各种信息资料的人就专门找资料。像这样大家都各司其职的自由氛围，是我最理想的舒适的职场环境。

"如果自己的工作成果要被别人一一检查的话，的确会有很大压力。我认为好的职场环境里，大家都能够互相遵守边界感。"（廷斯）

在运行宏观管理模式的公司工作的人，全都给出了正面评价。

那么，公司的领导对于这种不需要对下属进行细致管理的制度，又抱有怎样的想法呢？

公司的团队领导海伦给出的答案让人回味。她说，自己没有一一检查下属们工作的时间。

"我并没有仔细确认员工们工作的时间，所以我必须把工作完全交给他们自己处理，并相信他们能够做好。"

她的回答，代表了众多领导者的真实心声。而他们都有一个共同点，就是下午四点就下班。

的确，从"高效"的角度分析，对下属进行细致入微的管理容易消耗大量的时间成本。因此，比起"钻牛角尖"，对于上司来说，把工作托付给下属，适当跟进必然是更加高效的选择。

"若我的员工什么都要我去一一确认，肯定会浪费大量的时间。我还是认为大家各尽其职，独立完成工作效率更高。"

由此可见，管理越"宏观"，工作效率就越高。

像海伦一样的团队领导，一旦决定了早早下班回家，便没有了检查下属工作的时间，自然而然地，公司就能顺利进行"宏观管理"了。

> **Point43**
> 善用"宏观管理",让下属更轻松。

> **Point44**
> 高效的秘诀是,将工作放心交给下属。

多多试错

正是因为有这样的制度,丹麦职场总是一路绿灯。

每天上班,都看到上司的脸上写着"OK"。

下属们不会追着上司给自己分配任务,也不会二十四小时都观察上司的反应。

哈塞作为市里的领导,统筹着众多职员。他认为宏观管理是最具效率的方法。

在工作中,哈塞每时每刻都做好了下属有困难便及时给予帮助的准备。但实际上,他常对下属说的一句话却是:

"比起你总来找我确认工作，我更希望你能多多试错。"

也就是说，哈塞建议，比起让下属向自己确认工作，不如让其自己试错。就算下属遭遇失败，也给予百分百的信任。抱着这种想法，即使下属工作中出现失误，自己也做好了应对的准备。

哈塞和下属之间经常出现如下对话：

下属："这么做可以吗？"

哈塞："如果你认为这是最好的选择，那就尝试一下。多多尝试你所认为的最佳方案，**不顺利的话再向我汇报**。到时候我们一起商量更好的对策。"

各位读者，你希望自己的职场里有哈塞这样一位上司吗？

在丹麦职场里，上司的脸上总是写着"许可"二字，正因如此，无论你面前的道路多么坎坷复杂，也能够昂首挺胸地自信迈步。

Point45 让红灯变绿！

直接指出对方的错误

然而，问题也随之而来。

无论建立了怎样深厚、坚固的信任关系，对于上司来说，当下属真正让自己失望时，该如何去做？有了"信任"，难道就可以"放任"吗？

对此，人们纷纷表示，自己虽然不会对下属颐指气使，但会严肃指出问题并要求对方加以改正。

有一次，在海伦领导的团队中，有一位刚刚入职的新人在重要活动的前一天向她请假："我要和家人一起去旅游，所以可能参加不了活动了。"那时，团队全员都进行了充分准备，艺术展将在第二天盛大开启。

"当时我没有批准他请假。这么重要的活动，当然需要提前向我汇报。但我也知道，他刚刚踏入职场，还不太懂得人情世故。所以，**关于为什么他必**

须出席这次活动，以及如果不得不请假，为什么需要提前说明，我都有一一向他解释清楚。"

海伦在对下属做出提醒、指正时，会充分考虑措辞和态度，同时，也能直言不讳地向对方表达自己的想法。

在市政府担任管理职务的哈塞，一般不会对下属怒形于色。然而，当下属怠慢工作或态度不端正时，平时温柔的他也会不惜责骂。

哈塞说到，若看到有些员工在工作时间不停刷手机，自己会适当提醒一下他们不要玩手机，要专心工作。但当三番五次提醒依然无效后，他就会把员工叫到办公室"喝茶"。

在如此"温柔"的丹麦职场里，偶尔也会听见从办公室里突然传来一声恐怖的训斥。

对此，廷斯向我们讲述了上司对他发火的亲身经历。

那是廷斯在工厂工作期间发生的事。有一次，一个关键的机械设备发生故障，当时是廷斯承担着它的维修工作。由于机器停止运作一个小时以上就会产生巨额损失，廷斯的上司听到后立刻面红耳赤，对他大发雷霆。

但是在那之后，上司竟然主动找廷斯道了歉。他说，自己误会了廷斯，一时感情用事，没有控制好自己的情绪，希望得到他的原谅。

当然，廷斯原谅并且充分理解了他。毕竟，上司不是神，也会失误。

> **Point 46**
> 直截了当地提醒对方的错误。

> **Point 47**
> 承认自己的失误，
> 及时向下属道歉。

专栏 允许失败的学校

接下来要和大家分享的经历,是我在编写日本《福布斯》发行的杂志——WORK MILL 时,取材期间发生的事。当时编写的文章与"北欧职场文化"有关,在寻找素材期间,我登门访问了几家教育机构,并有了巨大发现。

丹麦的职场文化,深深根植于他们的"教育"。

人才辈出、闻名世界的大学"科灵设计学院"的校长琳·谭葛尔的一席话让我永生难忘。他说,每年都会有从世界各地远道而来学习设计的朋友,在他们入学的那一刻起,一定要传授给他们的,只有一件事。

"每当外国留学生入学,我们都会教给他们一个重要的道理,那就是**'你永远是自由的'**。"

当我进一步向他询问时,他说,外国留学生一般都有一个特点,那就是喜欢等待老师的"指令"。但无论他们怎么等,都不会"得偿所愿"。而时间就是在这无尽的等待中一分一秒流逝的。

与之相比,丹麦学生则不会等待老师下指令,而是会主动推进自己的项目。在有疑问的时候，他们会选择坦然寻求老师的帮助。

"对于外国留学生来说，明白两件事非常重要。一是自己是自由、自立之人，二是在产生疑问时要学会合理向老师提问。"

听了琳的话，我发现，丹麦的师生关系与职场里的上下级关系有着极大的相似性。

是不是可以说，在丹麦的校园里，也流行着"宏观管理"的教育呢？

"失败的过程"也是评价标准之一

大学生艾米丽初来乍到，对丹麦学校松弛的氛围感到十分震惊。在美国读完高中和大学后，艾米丽成功申请到了科灵设计学院的学位，前往丹麦。现在，她置身于丹麦包容、和谐的学习氛围中，每天都觉得自己的未来拥有无限可能。

就大学里期末课题的评价标准来说，除了课题结果，包括失败经验在内的全过程都是考查的重点。

在最后的成果展示上，学生需要针对课题的目标、完成课题的过程（包括失败）、从中学到了什么，以及如何将经验运用到今后的研究上等诸多方面进行展示。

这是因为，失败不一定是坏事。重要的是从失败中吸取经验教训，将错误转化为成长的契机。

"我在美国念书的时候，学校一直都是要求我们拿出成果，根本不允许失败。所以为了拿到好的评价，我们每次都把不会出错、万无一失的作品提交上去。虽然能力得到了提高，但始终没有机会更进一步自我探究，尝试新方法、新挑战。

"然而自从我来到丹麦，**这里的人们告诉我，失败也是过程，也是经验，值得被认可。我渐渐开始将一直埋在心里的想法付诸实践，大胆尝试了许多新事物。**我感觉自己的奇思妙想不断爆发，也慢慢觉得未来的我会开拓无限可能。"

通过丹麦的大学生活，成功激发出艾米丽的创造潜力。在允许失败的环境下，她一步步朝着自己梦想的彼岸前进，在不断试错的过程中成长蜕变、收获良多。

Point 48

"允许失败的环境"促进人们成长。

上司只是领路人

不必经常汇报，但可随时聊天

读到这里，我想很多读者都发现了，丹麦职场的上下级关系与日本似乎截然不同。

通常情况下，丹麦的职场中并不存在着"金字塔"般的等级制度。

更准确一点儿来说，虽然可能存在着一座无形的"金字塔"，但它并不是为了区分上下级而存在的。比起"地位"，这座金字塔更加强调各层的"职能"和"作用"，并且上下级之间可以毫无障碍地顺畅交流。

在这座非同一般的"金字塔"中，大部分的实际业务都由下属来承担，上司只是起到"领路人"的作用。

肯尼特作为领导二十个团队成员的管理者，深知自己的下属都是各自领域的佼佼者。比方说，会计部门由会计专家组成，IT部门的成员个个都是编程老手。

"我的团队成员们都是各个领域的专家，而我则不行。他们自己有着一套简单又熟练的工作方法。我一直对他们说'我是这个领域的白痴，这个工作只有你们能够做到'。"

如此自嘲的肯尼特，实则是一位名副其实的好领导。但具体业务，则是下属更加熟练。因此他认为，按他们自己所选的方法推进工作再好不过。

此外，肯尼特还认为，关于管理方法，宏观管理远比微观管理更实用。

一般来说，各部门自己制订计划，再将计划报告给作为团队领导的肯尼特。肯尼特对于各部门的计划有了大概的了解后，便开始监督大家的进度。其间，他丝毫不干涉各部门具体的安排。

但在各部门工作出现差错或者希望能和上司谈

谈时，他很乐意去沟通。

在肯尼特的办公室进行采访时，他指着自己书房的玻璃门对我说道：

"我们现在正在采访，所以我把门关上了。**但在平时，我一直让它保持敞开**，为了让大家随时随地都能找我谈心。"

每天，肯尼特都会与二十名团队成员一一进行短暂的交谈。久而久之，大家都能够放下戒备与上司谈话，办公室里充满了轻松愉悦的氛围。

实际业务由各个部门承担，领导办公室的大门随时敞开。这样，当下属因工作太多而感到力不从心时，上司就会出马，替他们决定优先顺序。或者，当下属因工作失误给客人造成麻烦时，上司也会亲自道歉并解决问题。

我问他，这样的管理方法无法让自己掌控局势，不会有很大压力吗？然而肯尼特回答，不仅完全不会感到压力，甚至还很轻松。

他接着说道，当出现问题时，下属不试图隐瞒，能够将事实全盘告知是再重要不过的。如若不然，就无法想出解决对策。如实汇报，就能一起思考下一步该如何去做。

在肯尼特的处事方法里，有一套关于如何做一个好领导的哲学理念。他经常思考怎样才能做好自己的领导工作，有了想法便付诸实际，并在不断实践、试错的过程中创造自己的路径。

他最关心的不是自己的地位，更不是掌控下属的权力，而是让下属与自己平起平坐，构建友好关系，顺利地完成每一项任务。为此，他无时无刻不在为创造良好的职场文化而坚定地努力着。

为了达到目标，肯尼特不仅经常向员工们做问卷调查，还会每三个月进行一次和员工们的一对一会议。每到夏季，他还会组织员工们开展轻松快乐的"一日游"等。

Point 49

时刻为下属"敞开大门"。

多沟通，弄清工作职责

上司的职责，是做下属的领路人。

要想做到这点，对于上司来说什么最重要？

在电视台连续数年担任中层经理的卡特琳说，作为团队领导，最重要的职责就是在整个公司错杂的"职能网"中，让每位员工充分理解自己的定位。

当每个人都能在公司里明确自己的职责所在时，他们就会更加认同自己的工作价值，从而坚信自己在团队中的存在意义。这样一来，每个人都能够理解自己工作的重要性，掌握工作中的主动权。

卡特琳的话言简意赅。

我们经常错误地认为，能够熟练完成当下的任务就是"工作"的本质。实则不然。只有当每位员工都真正理解自己在团队中的角色时，团队的行动力才会大大提高。

也就是说，只有认同自己扮演的团队角色，以前只顾眼前自己工作质量的员工们，才会更加主动、积极地为团队的高效工作做出贡献。

"若员工们被自己的圈子困住，只顾自己手头的工作，**那么就不会明白自己的工作会给每一个环节的同事，甚至给整个公司带来怎样的影响。这样一来，无论员工个体如何努力，公司的效率还是会停滞不前。**"

工作之间彼此息息相关。只有明白这点，才会理解工作本身的价值和意义。在工作任务彼此影响、相互作用之间，若所有人都能够在这张巨大的网中发挥自己的职能，公司整体的效率也会相应提高。

肯尼特作为团队的领导，向来善于倾听员工的意见。为了能够让下属理解各自职位的重要性，他将沟通视为团队中不可或缺的一部分。

"**作为上司，若忽视了对下属意见的倾听，就会很容易让他们陷入'自己不被信任'的泥潭。**一个人，若工作不被任何人关注、看好的话，就会想'这样的工作，不做也罢！'一旦陷入这样的自我怀疑，工作是无法做出成效的。"

要想让下属在工作中获得归属感、掌握主动权，就要时刻谨记给予下属认同，倾听他们的心声。

特别是对于当今的年轻一代来说，他们越来越追求工作的意义。为了构建与他们的信任，必须要倾听他们的意见，将他们的心中所想时刻铭记在心。

> **Point50**
> 让员工意识到自己在公司的职责所在。

自己选择工作方式

在众多赞同宏观管理的经理中，卡特琳也是其中一员。她始终信任自己的员工，不会一一去检查他们的工作。她经常向员工们表达自己对他们的信任，并放心地让他们自己决定工作方式。

只要能达到目的，无所谓工作的形式。卡特琳作为领导，不会去安排具体的工作方法，因为她知道，每个人都有独属于自己的节奏。

以工作方式自由的态度，来让下属选择自己认可的工作方式。每当新人入职，卡特琳都会以这样一句话迎接：

"慢慢来，走自己的路，用自己的方式努力吧！"

对于"自由工作法"，你怎么看？

是会因为工作自由度提高了，从而感到轻松，还是会因为突然失去了方向，所以觉得难上加难？

曾在中国香港地区担任过团队领导的斯蒂恩的一番话，给我留下了很深的印象。

"我在香港工作的时候，他们告诉我一定要帮下属把工作内容和方法安排妥当。**在香港公司里，一般情况下，下属都会根据上司的指令完成一切。所以他们总是向我提出请求，希望我能够主动给他们下达命令。如若不然，工作似乎就很难进行下去。**"

在我看来，这与日本人的工作习惯非常类似。

正是因为习惯了按照指令行动，所以失去了指令就如同失去了导航一般，在茫茫大海里难以前进。

甚至不难想象失去了详细指令的"船员"们手足无措的迷茫状态。

既然如此，为何丹麦人不需要上司的指令也能够自觉工作？追根溯源，我认为答案就隐藏在国民普遍接受的"教育"之中。

"我们已经养成了自己思考的习惯。从小，我们就学会自己制订计划，动用自己已有的经验和知识解决一切问题。"

在中国香港地区和日本，"学习"，更多地意味着"习得知识"。而考试，只是对所学到的知识进行检测的手段。

丹麦的教育，比起"习得知识"，更注重培养"应用知识"的能力。

习惯思考的丹麦人，显然更适合"自由工作法"。

Point51
让下属以自己的方式完成工作。

Point52
比掌握知识本身更重要的是应用知识的能力。

接受指令前，问问为什么

正因丹麦人拥有强大的自主思考能力，因此他们并不会全盘接受上司的指示。我们似乎难以想象下属拥有一直反驳上司安排的权利的职场会是什么样。但在丹麦职场，甚至上司也不会认为这有什么不妥。

肯尼特说，自己曾有过多次被下属拒绝工作的经历。即便是上司的指令，只要自己认为没有去做的必要，他们也会毫不犹豫地拒绝。

"每当我提出新的项目计划，**下属都会第一时间提问，'这个项目的意义在哪里？'**如果我无法给出令人满意的回答，就会被他们拼命追问。"

当我们深挖下去，就会发现丹麦的职场根植于"为什么"文化。

下属不会盲目听从上司的指示，而是会自己判断这份工作是否具有完成的意义。因此在安排任务时，对于完成这份工作的必要性，上司必须获得下属的真正认同。

在日本的上下级关系中，想要对上司问出"这个项目的意义在哪里？"需要鼓起很大的勇气。然而这样的问题的确会将许多无意义的工作拒之门外，提高工作效率。

"归还时间"公司的佩妮莱向我讲述了一项有趣的规定。

丹麦大型汉堡连锁店"SUNSET"的总经理规定，员工之间必须经常问"为什么"。

这项规定，目前已经成了公司内部提高生产效率的有力武器。

为什么需要做这项工作？为什么必须用这种方法？为什么需要多人一起监管项目？为什么这个时间点不能回家？等等

再小的事情，只要问出"为什么"，就能避免大量的无用功。

而且，丹麦的上司即使被下属问"为什么"也不会发火，甚至认为，"提问"是员工对工作关心、认真思考的证明。因此，上司会随时敞开心扉迎接下属对自己安排的"质疑"。

举个具体的例子。开会前，我们经常能听到这样的对话：

下属："您觉得，我需要去参加会议吗？"

上司："对。参会对你自己来说也有好处。"

下属："嗯……可是我认为就算参加我也帮不上什么忙。"

上司："这样啊。那既然你自己这么认为，确实没有去参加的必要。"

这位上司并没有对下属发火，也并没有采取冷淡的态度。他认为，如果本人认定参会没有意义，就不必参加。

丹麦职场里，一般情况下，上司都会积极看待下属的疑问。即使员工对自己的指示提出质疑，也不会感到被冒犯。

然而前提是，这些问题必须是有建设性的且有必要提出的。对此，"归还时间"公司的佩妮莱给出了自己的观点：

"如果只是抱怨或发泄不满是不行的。一直抱怨'为什么必须要工作？'和正常提问有着本质的区别。**为了精益求精，为了公司整体发展的发自内心的'为什么'，才是真正关注工作成果，才是真正的高效交流。**"

互相问"为什么"的职场，不是指充斥着怨声怨气的职场。我们鼓励的，是能够推进取得成效的高效沟通法。

> **Point53**
> 互相确认工作的意义和目的。

任何职位都能提意见

在多家大型企业有过工作经验的文森特称，自己常常向上司直言进谏。

"我认为意见可以和任何人提。对方是上司也同样。虽然他们可能会有一瞬间露出不满的表情，**但只要积极合理地提出有效意见，对方很难不会欣然**

接受。我有过多次与上司意见不合的情况，但我依然坚持表达想法，最后也获得了他们的认同。"

允许直言进谏的职场环境存在诸多优点。

在乐高有七年工作经验的卡斯滕称，在乐高这样的大企业里，员工们可以随时随地畅所欲言。遇到问题时，由工作人员报告给领导，并说明希望得到其帮助。上司也对于各种意见抱着积极的态度，乐意帮助员工排忧解难。

卡斯滕认为，要想培养完美团队，上司必须要认真倾听下属的意见。

"公司高层或主管若不能清晰地把握事态，恐怕会有下达错误指令的风险。**通过认真倾听下属的意见，正确把握项目局势，能够引导团队顺利解决难题。**我认为，一个团队最重要的是能做到信息共享，包括工作的失误。这才是优秀的职场环境。"

据卡斯滕所说，当时的乐高公司老板始终保持与清洁工平等对话，认真倾听他们的心声并实施有效意见，积极改善团队。

当然，除了乐高公司，闻名世界的丹麦建筑师比亚克·英厄尔斯的建筑公司 BIG，员工们无论职位等级，都有互相提意见的权利。在 BIG 工作的建筑师艾姆女士，为我们再现了当时的情景。

"我们公司有些实习生还是学生，对于他们，大家也是一视同仁，认真倾听其建议和意见。**我们的职场文化无比重视平等与尊重。**"

备受世界瞩目、拥有最前沿技术的建筑公司 BIG，实习生的意见也会被认真考虑和采纳。这里需要职场新人为了公司的未来畅所欲言，也督促员工用心接受每个人的想法和意见。

> **Point 54**
> 倾听下属的意见，会使团队变得更好！

适当拒绝工作任务

在进行了多次访谈之后，我发现了丹麦企业的共通之处。

为了达到整体团队的最高效率，公司要求每个人都处于最佳状态。

正因丹麦员工生活、工作都能完美兼顾，以积极的心态投入工作，所以个人效率才能稳步升高，团队整体的效率自然也不在话下。

丹麦人把它看作共识：在被迫压抑自己、必须牺牲个人时间、无法对上司直言意见的职场环境下，工作效率只会停滞不前。

让员工从内心深处热爱工作，热情地投入事业比什么都重要。因为只有这样，生产效率才能提高。

真正的生产效率，是无法通过自我牺牲获得的。我们需要一颗永远热忱的探索之心，且能对自身事业由衷地感到幸福喜悦。

令人震惊的是，在采访中，几乎所有丹麦人都对此表示赞同。他们认为，"热爱"对自己人生的重要性无须多言。

安布里特称，员工应当时刻把"能量的良性循环"铭记在心。

这意味着，上司切忌使下属过度劳累。安布里特称，即便她的上司下达了指令，但为了维护下属工作时的良好心态，自己会适当拒绝部分工作任务。

拿中层经理举例来说，他们的工作内容不只是遵从上司的指令，还有为了下属能够在工作时保持愉悦心情并做出成效，而随时整顿职场环境。毕竟，一个人工作效率的提高会拉高整个团队的水平。

平时，安布里特会认真记录每个下属的处事风格，并努力为他们打造专属的舒适的工作环境。

"我们团队中，有些员工非常健谈，擅长社交，习惯通过不断地交流来推进工作。当然，也不乏有人只有在一个人的世界里才能顺利完成任务。这样完全相反的两个人在一间办公室，无疑会成为对方的压力。**我的任务就是根据下属的性格，给他们分配适合自己的舒适的工作环境。**"

我们无法说二者谁更优秀，每个人的个性都不尽相同，适合的工作方式也因人而异。

只有尊重员工的个性,"对症下药"地提供工作环境,团队整体的工作效率才可见成效。

Point55

优先为下属提供优质工作环境,对上司说"不"。

| 四点就下班 | 松弛感的人生计划

专栏 **直来直去的文化**

有过在日经历的丹麦人纷纷称，日本人有着强大的"服务精神"，日本之旅让人流连忘返。这个国家正如一个良好运转的"机器"，各部分"机能"强大，便利的同时，待客之道也给人非同一般的亲切感。不仅如此，日本人民以礼待人，处处照顾外来游客。听到这里，我不禁为这些来自外国友人如潮的好评感到无比自豪。

以日本为舞台拍摄纪录片电影的导演卡斯柏称，日本国民常怀着一颗热切的关照之心，丹麦有很多需要向日本学习的地方。

对于这样的评价，我在感到自豪的同时也开始了深刻的思考。在这样的日本社会中，究竟运作着怎样的劳动机制呢？我认为，其"隐忍"的性格是造就这种社会环境的重要因素。

以隐忍为美的大和民族文化，追求将人的真实想法压抑在心中。当我问到丹麦人是否有这样的习惯时，卡斯柏给出了如下回应：

"**我们丹麦人，想到什么就会直说。**我们是受不了将自己压抑太久的。严格来说，即使暂时将想法压抑在心里，一旦达到忍耐的界限，就会直接说出来。我们从不怕与人对峙，往坏了说，就是有点儿忽视礼节。"

也许，丹麦人的确需要学习日本的服务精神，但我认为反过来，日本人也应该向丹麦人学习"绝不隐忍"。

"绝不隐忍"，才能够真正明白对方的内心所想，直面问题，并真正站在同一战线去思考、解决问题。

> **Point56**
> 绝不隐忍，直言自己内心的真实想法！

不为难他人，不勉强自己

良好人际关系的秘诀在于信任

说起丹麦人提高工作效率的秘诀，我认为是与上司、下属、客户的高效沟通法。

通俗一点儿讲，就是"人际关系"。

尊重彼此的时间安排以提高效率，上司能够正确引导下属，创造员工能够直言意见的职场环境……一切的前提，正是"人际关系"。

在基于信赖的职场人际网中，我们自然而然地会关注对方的时间管理与效率。作为上司，能够循序渐进地学会正确引导下属。作为下属，也能够放心发表自己的意见。由此一来，健康有效的交流就会在你来我往中渐渐产生。

反过来，若无法建立良好的人际关系，双方便容易疑神疑鬼，互相试探。这种基于不信任的人际关系会轻易将双方拉入猜忌的漩涡之中。一旦陷入漩涡，无论对方做什么都易产生误解，从而无法磨合，工作也无法得到高效进展。若发展成敌对关系，则更易导致工作效率持续走低。

由此可见，"人际关系"掌握着高效秘诀，手握着一切"职场通行证"。

在丹麦的制造企业担任海外销售的丹尼斯称，人际关系是一切的基础。

"和职场中的'风云人物'交好，建立起良好的私人关系非常重要。可以说做到这点，你的职场生活就已经成功了一大半。"

Point57

工作的九成取决于人际关系。

组建团队的选人标准

要想通过顺畅沟通提高工作效率，有一双识别人才的慧眼是关键。在制造企业担任海外销售的丹尼斯说到，要判断一个人是否适合工作岗位，要看其是否具有和岗位匹配的热情和适应能力。

简单来说，就是判断其是否对岗位有浓厚的兴趣，以及是否有责任感。

人类无法真正学习并吸收自己毫不关心的知识。丹尼斯称，能够检测一个人是否全身心投入工作，标准之一便是"记忆力"。

"毕竟，记不住就代表着不关心。"

听了这句话，我心生同感。

不知道你是否对此表示认同呢？

人们往往会对自身所好积极主动地关注，相关记忆也更容易深深地刻在脑海里；而对于无聊的工作任务、毫不关心的事物，无论如何，都无法真正记住，甚至很快就会将其抛在脑后。

用记忆力验证人们对某一事物的关注度，从某种意义上来说不无道理。

除了"记忆力"之外，如今的时代，人才还需要一定的专业能力。而比掌握知识本身更加重要的便是知识的应用能力。

知识可以在网络上搜索，因此比起知识本身，更关键的是能够在搜索到自身关注的信息后用于实际。毕竟，对知识的关注只是一切的开始。

有了热情还远远不够。有些人虽然充满激情，但自身与工作无法适配。举例来说，和时间管理能力或随机应变能力差的人共事，无疑会陷入种种麻烦。

据丹尼斯所说，无法适应丹麦职场里基于信任所建立的宏观管理机制的人，很难成为合格的职场人。无法自己安排工作，从而导致工作进展慢，很可能是因为自身并不适合现在的岗位。

每一个上司，都应善于评估员工的热情度和适应能力。若有一项不符，则要考虑更换。通过不断地评估、更换，团队竞争力才能得以维持。这样正确取舍的过程，是保证高效不可或缺的一环。看似残酷，但比起让员工勉强待在不合适的岗位上，从长远的角度来看，这种做法对于员工本人来说也是更好的选择。

> Point58
> 评估员工的热情度和适应能力是否符合岗位。

> Point59
> 用"记忆力"判断关注度。

职场关系的"润滑油"

对于管理团队，肯尼特有一套自己独特的学问。

他认为，专业知识固然重要，但录用员工时还应注意其是否能够"让团队充分发挥多样性"。

比方说，若团队里有外国人或残障人士，那么整个团队的视角就会更加多元，新点子也会层出不穷。他们的存在无疑会增加社会包容性，并使得整个行业的发展更加完善。有他们在，职场环境也会越来越多样，越来越包容。

只有包容的职场，才能够将个性迥异的员工培育为良性资源，使其各尽所能，健康的职场文化才会从中诞生。

所谓公司，就像是一群人站在同一条船上向着目标前进。只有集聚各类人才，让他们各司其职、齐心协力，最终才能达到彼岸。

如此看来，对于一个团队的成员而言，比起千篇一律，性格多样才是最佳选择。

因此，丹麦职场里充满着鲜活的个性。

每个人都基于其专业能力被雇用，是各领域的佼佼者。

性格各异、各展其长的专家齐聚，就形成了独一无二的专业团队。

然而，问题也随之而来。由于成员个性不一，团队很难达成团结一致。为了解决这个问题，凝聚向心力，充分发挥个人所长以达到团队的共同目标，"法宝"就此登场。

所谓的"法宝"究竟是什么？

请大家想象一下，不同的个性就像机器中形状各异的零件，这些零件在被安装之前，就只是各式各样的铁块而已。然而，当它们彼此嵌入、磨合后，就会发挥其独有的作用。

为了进一步让组装好零件的机器顺利运作起来，我们需要使用这个"法宝"。

想象一下，一个巨大的机器摆在你的眼前，齿轮已经完美咬合，此时，我们需要什么来让它转动起来呢？

答案就是"润滑油"。

如果没有润滑油的润滑作用，即使齿轮咬合完美，一旦转动，也会发出生涩的咯吱声，无法真正运作起来。若强制让其运作，齿轮之间产生激烈的摩擦，整个机器便会再次陷入停转。

要想让组装好的机器自由运作，顺利运行，"润滑油"必不可少。

那么在职场中，什么是"润滑油"呢？

答案就是"社交能力"。

在丹麦职场中处于"心脏"位置的，正是为构建良好人际关系所需要的"社交能力"。

在形状各异、独具个性的零件之间涂满润滑油，每一部分就会互相咬合，顺利转动，达到二十四个小时不间断运转。丹麦团队的高效率，就是来自润滑油辅助下的齿轮与齿轮之间的通力合作。

"在职场中，'社交能力'的力量不可小觑。"

建筑家索伦如此说道。

"丹麦人从小被培养的社交能力，就相当于机器里的润滑油。"

在采访中听到这句话的瞬间，我感到心中的谜题被倏地解开。我终于知道了隐藏在丹麦职场深处的秘密。

答案如此清晰，秘密就是"作为润滑油的社交能力"。

若不能做到像丹麦职场一样，抛弃等级制度，营造轻松人际关系，一个公司的员工之间便很难做到互相引导，以至于造成混乱。

一个员工间能互相引导的良性职场，正是得益于润滑油一般的优秀社交能力，它使得职场这个"机器"有序转动。

那么，所谓的"社交能力"究竟指的是什么？

我想，只要了解了它的真相，我们就能顺藤摸瓜，找到其生产效率如此之高的原因。

> **Point60**
> 让团队的多元个性各司其职。

> **Point61**
> "社交能力"使团队有序运作。

用社交能力提高职场效率

所谓高效率职场所需的"社交能力"究竟为何物？

我认为，它应当与日本人脑海里想象的"社交能力"区分开来。

这里所说的社交，绝不是一味地去迎合他人。

在这里，我把高效职场中的丹麦式"社交能力"分为四个部分。

1. 解决问题的态度——坦率地沟通

第一点，解决问题的态度。说白了就是坦诚相对的沟通能力。

对于丹麦人来说，率直是交流最好的方式。他们不会将"隐忍"奉为美德，而是用心对待每一件事，并为此提出解决方案。绝不将问题粉饰一分一毫。

一旦遇到困难，人们便会共享信息，并一起摸索解决之道。

一旦对对方的做法产生疑问，就会直接询问，有任何意见都会直言不讳。

为了解决问题而坦率沟通，是拥有"社交能力"的首要条件。

> **Point62**
>
> 抱着解决问题的态度，进行坦率的沟通。

2. 客观看待问题的能力——就事论事

在所有人都直抒胸臆的职场环境中，无法客观看待对方的质疑和意见，产生个人情绪是禁忌。

因为，丹麦人的直率绝无恶意，绝对不是有意要伤害对方。

相反，他们直来直去正是基于信赖对方，相信对方能与自己站在同一战线思考问题。

在接受他人坦率的意见时，最重要的就是拥有"客观看待问题的能力"。

我们需要明白，对方只是批判自己工作的方式，并非人身攻击。而被否定的也只是意见，并不是自己的存在意义。

在接受批评时，我们需要摆正态度，将事与人分开看待。

同样，在向对方表明自己的态度时，也应当加倍小心。

提出反对意见并不代表着否定对方。在尊重对方的前提下，妥当地发表相反意见，或对其工作方式提出质疑。

因此，无论是反驳对方还是倾听意见，我们都要贯彻"就事论事"的原则。

提出相悖的意见，绝不能成为否定彼此人格的武器。

即使意见相悖，即使被对方反驳，也没有必要去否定对方，更不用对自身产生怀疑。

摆正解决问题的态度，就事论事，客观地分析对方的意见，才能真正做到透明沟通、真诚交流。

Point63

客观看待对方的批评。

3. 选择"战场"的意识——"第一战场"之外不纠结

试想，职场里大家畅所欲言，无论何事都可互相直抒胸臆，会带来什么结果呢？是否会连鸡毛蒜皮的小事都要讨论个三言两语，导致工作迟迟没有进展？

为了避免这样的情况，我们需要拥有辨别"战场"的能力。

即不拘小节，不过度纠结于细节。

比方说，遇到对于自己来说没那么重要的工作时，聪明地选择"退居二线"。

因为就算我们努力追求每个细节，致力于达到完美，并从中获得一些成就，也不免浪费彼此的资源和时间成本。

因此，对于大多数不重要的小事，我们应当学会适当让步妥协，因为"妥协也是一种力量"。

不过，一味地妥协也会误事。

面对至关重要的工作，我们要全力以赴。身处"第一战场"，我们就要努力争取自己发表意见的权利，无条件打起一万分精神"参战"，诚实、坦率地表达自己的想法。

> **Point64**
> 对重要的工作"当仁不让"，
> 对无所谓的工作适当妥协。

4.民主意识——平等地倾听每个人的意见

在丹麦企业中，不问立场，所有人都平等地拥有表达自己意见的权利。

丹麦的职场没有等级制度，松弛感满满，每个人都是守护民主权利的重要一环。

该轮到谁发言、自己该什么时候发言，每个人都心中有数。自己在发表意见后，自然地把手中的接力棒传递下去。像这样，大家都去维护对方讲话的权利，自觉地守护着职场礼节。

这种无论谁都能够平等表达意见的职场文化能做到稳而有序的原因，正是在于人们在表达自己想法的同时，始终保持着平等倾听的基本态度。正因摆正了态度，人们才能够接受四面八方的声音，抱着解决问题的态度进行平和的讨论。

传递自己，接纳他人。这并不是牺牲自己迎合对方的妥协，更不是完全忽视、否定他人而将自己取而代之的高高在上。

这种关系，不是战场上的敌我双方，而是同一战线互助为乐的战友。

在信任自己并耐心倾听自己意见的上司、同事和下属身边安心工作，身心无所拘束。这何尝不是一种"职场的馈赠"呢？

在丹麦企业中，人们既勇敢表达自己，也耐心倾听他人。在此基础上发现问题，一起摸索出解决方案或适当做出妥协，这样平和轻松的气氛可谓是丹麦职场独有的好风景。

> **Point65**
>
> 平等倾听他人的意见——贯彻"民主主义"。

用对方法，效率更高

接下来让我们按下暂停键，简单梳理一下丹麦团队的过人优势。这对日本企业来说有着非凡的借鉴意义。

首先，我们提出"因才施用"的理念。

丹麦企业大多为"职务基准型招聘"（公司与员工基于职务内容而缔结契约的雇佣制度）。比起与公司本身的关系，员工们更加注重自己在公司具体担当的角色。公司为了招募对职位高度感兴趣的人才，从录用阶段就会按照"因才施用"的原则分配，基本不会安排员工进入完全不感兴趣的部门。

即，公司里的每个人，都是基于其特长被招募进来的。员工不需要身兼数职，只用作为特定部位的"零件"，与其他"零件"完全咬合，在团队中唯一的位置发光发热。

其次，我们提到"社交能力"。

①解决问题的态度——坦率地沟通。

②客观看待问题的能力——就事论事。

③选择"战场"的意识——"第一战场"之外不纠结。

④民主意识——平等地倾听每个人的意见。

兼具这四点，你会成为能够老练处理人际关系的职场人，畅通无阻地进行一切交流。

"因才施用"与"社交能力"的搭配，可谓是高效率的源泉。

> **Point66**
> 用"因才施用"与"社交能力"，建立最佳团队。

建立"不勉强"的人际关系

最后，让我们来总结一下本章的内容。

为什么丹麦能够斩获国际竞争力的榜首？

答案很明显。具备"润滑油"一般社交能力的团队成员们，保持个性，充满热情地在自己的工作岗位尽其所能、全力以赴，使得整个职场不间断运转。

同时，"勉强"一词从不会出现在丹麦职场里。

每个人都拥有自己的定位，彼此之间并不会相互为难。

"职务基准型"的聘用方式通过为员工找到各自的定位，使团队成员"各取所需"，不会陷入"为难自己或他人"的漩涡。这样健康的同事关系，使得每个人都能够节省精力，全心投入自己擅长的领域。

不"为难"他人，也不接受他人"为难"自己。

己所不欲勿施于人，人所不欲禁施于己。

对于丹麦企业来说，除了遵循"因才施用"，"不勉强自己，不为难他人"的理念也始终贯彻其中。

比方说，同事们始终秉持这样的观念。

- 既然自己能够享有私人时间，其他人也有享受的权利。
- 既然自己可以休息，别人也有休息的理由。
- 既然自己可以在服装上不拘小节，其他人也有自由穿搭的权利。

- 既然自己的工作可以做得更简单，别人也有这样的权利。
- 既然自己可能会经历失败，也应允许别人失败。
- 既然自己能够坦率提出意见，别人也应该如此。
- 既然我不勉强你，你也不应该勉强我。

你是否已经感受到，丹麦团队"不勉强自己，不为难他人"的信念？

不勉强自己，不为难他人，就是双方都能轻松应对职场的平等之道。

"既然我已经勉强，那你应该更加努力；既然我在隐忍，你也应该做出让步"，这种看似平等的下策，与上述提到的理念完全不同。

我们应当鼓励的，是"既然我不会勉强自己，那么希望你也如此；既然我会直言想法，希望你也能积极表现自己"的积极式平等法则。

这样，大家便都能够维持充沛的精力面对工作。

每个人都能保持最佳状态，由内而外地迸发工作热情，形成良性循环，才是达到高效率的"灵魂燃料"。

读完本小节，请将标题铭记在心。

只有百分之百形成"不勉强"的人际关系，工作才能产生良性的能量循环，从而达到可能的效率峰值。

> **Point67**
> 建立"不勉强"的人际关系，提高生产效率。

第 4 章

职业规划不设限

读到这里，你是否已经产生诸多感想？

此前，我介绍了国际竞争力位于榜首的丹麦人的独特工作法。对于丹麦人"时间观念"和"人际关系"的基本思考方式，你有怎样的看法？若某些内容能为你在忙碌生活中带来小小灵感，我将感到无比欣慰。

言归正传，对于即将开启的第 4 章内容——丹麦人的职业观，你是否好奇？

丹麦人究竟秉持着怎样的观念？其职业发展又有着怎样的"独门秘诀"？

接下来，我将带你深入了解丹麦人的职业观。

希望在品读本章的过程中，你能够重新回顾自己的职场生活，并向着新方向迈出一步。若能如此，我将感到无比荣幸。

找到真正想做的事

不做工作的奴隶

我们的生活,常常被工作填满。

一天、一周、一个月、一年……回顾从初入职场到现在的每个日子,我们似乎一刻不停地围着"工作"转。

甚至在休息时间或周末,我们脑子里负责"工作"的区域也一直在积极地活跃着。长此以往,我们会彻底变成"工作"的奴隶也未可知。

在这里,我希望你能停下来认真思考一下。

迄今为止,你在工作上花的时间,给你的人生带来了怎样丰硕的成果?

在和丹麦人的交谈中,我渐渐改变了对"工作"的看法。

生活永远最重要

想象一下,活跃在第一线的研究人员、电影导演、翻译、建筑师、企业家……他们的工作模式是怎样的?

相信大多数人都会立刻联想到,这些人把自己的事业视为生命,日日夜夜为了工作而废寝忘食。

然而事实并非如此。虽然受访者中很多人表示,热爱工作就像热爱生命,但当我问他们,人生最重要的东西是什么时,有人给出了如下回答:

"我很爱自己的事业,**但如果问我人生最宝贵的东西是什么,我会毫不犹豫地回答'家人'**。"

类似的回答数不胜数。

对于能够良好平衡生活与工作的国家来说,这样的回答不禁让我感到意外。因为丹麦的离婚率异常高,同时,社会上也存在着很多未曾踏入婚姻的单身父母。

在这样的背景下,我意识到当他们对我说出"家人"一词时,实际上不仅仅指狭义上的"家人"。

亲生父母、养父母、离婚前共同抚养的小孩、新的配偶、和新的配偶共同抚养的小孩、新的配偶离婚之前的小孩……"家人"的范围在某种程度上来说十分庞大。

除此之外，在单身或未婚的采访者中也有人提到，朋友就像我的亲人，我们情同手足。

在这里我想告诉大家的是，丹麦人即使对工作满腔热情，也会毫不犹豫地将私人生活放在第一位。

在繁忙的日常中，无论如何也要确保自己的时间，在此基础上，利用有限的时间处理工作。这就是丹麦人基本的生活理念。

即使由于工作繁忙，需要暂时集中工作，等到繁忙告一段落后，他们还是会将自己的时间视为"人生之首"。

即便生活暂时失去了平衡，在那之后也会立即做出调整，使生活的天平恢复稳定。

在丹麦人的生活日常中，"与珍视之人留下珍贵的回忆"始终是不可或缺的。

始终坚定且平和。

我认为,这样形容丹麦人的内核再合适不过。

所以,为何不试着过一天丹麦式生活呢?

放下一切,与知心人共同创造美好的回忆。

放下手机,把时间的追赶远远甩在身后。与珍视的人相约散步,感受轻抚面颊的每一缕空气。

在晴朗夏日里,躺在草坪上说天说地;在一方庭院享受热红酒和香喷喷的自制烤肉;或者,干脆潜入森林氧吧,为自己制造一场浪漫的林中漫步;游泳、乘船,在清凉的酒精滑入喉咙后眩晕,发呆;沐浴阳光,感谢一切美好……

寒冬至,点亮烛火,围坐在桌前享用新鲜出炉的蛋糕和热茶。在这种氛围之中,对我来说,珍贵的不是欢乐、笑容,或相互吐槽和发泄情绪后的畅快,而仅仅是坐在一起,感受温暖。

丹麦人就是伴随着这样的幸福时刻,全心投入工作的。

Point68
创造安定、平和的珍贵瞬间。

上班不止能挣钱

"拥有自己的时间"是丹麦人的底线。

通过一系列采访,我对此深有感触。诚然,不热爱自己的工作,无法将喜欢的事情发展成职业,或是对工资、职场环境等不满的人的确存在。

然而丹麦人普遍是爱岗敬业的工作狂。通过大量调查,我发现,丹麦人的工作满足度普遍较高。[21]

对于大多数丹麦人来说,工作不仅仅是挣钱的手段,还有着不同的意义。在丹麦,挣钱越多意味着缴税越多。因此,挣钱并不能成为工作动力的源泉。

既然如此,他们工作的目的究竟是什么?

在所有采访结束后,我整理资料时发现,"个人成长""个性""意义"等词贯穿丹麦人整个职业生涯。

为自己工作

在"BLOXHUB"担任首席通讯官的安布里特称,自己会根据"个人成长"的标准选择合适的工作。

最初,她选择在美国公司担任创意事业部门的高级管理人员。回到故乡丹麦后,虽仍在创意相关产业活跃数年,但她没有在任何一家公司里工作超过五年。安布里特总是敢于尝试新事物,在职业生涯中为自己设下一个个挑战。

实际上,我早在2014年就与她相识。当时,她是丹麦大型出版社创意部门的一名员工。在该公司面向日本媒体的项目中,我作为翻译兼编辑成为她团队的一分子。面对当时刚刚从丹麦语学院毕业的我,安布里特给予了无限的尊重和关怀。

从那时起,她便一直关照我的工作与生活,每当派给我工作任务时,她一定会事先确认我是否时间充裕。她积极乐观投入工作的样子印在我的脑海里,引领我走向一个个成功的彼岸。我工作完成得好，她会由衷地感到欣慰。和她一起工作的那段时间，永远是我快乐且美好的回忆。

在 2023 年，我为编辑日本《福布斯》杂志发行的 WORK MILL 来到共同办公中心取材时，迎接我的媒体人恰巧是安布里特。我们一时相对无言，惊讶于时隔九年的重逢。

当我问她这些年来过得怎么样时，她回答，自己跳槽了好几次，最终才来到这里。

"我认为工作是实现个人成长的第二次接受教育的机会。**我想通过工作精进我的专业技能，提升沟通能力。**"安布里特回答道。

对她来说，实现个人成长就是随时迎接新挑战。

正因为有这样的觉悟，她才希望自己的下属也能够将工作视为接受教育的机会，为己所用。

"上司的职责，就是为下属提供持续获得成长的养料。**我会主动询问下属想要在职场中挑战和学习的东西。**若要求合理，我就会全力支持他们，赋予他们'新职责''新挑战'。"

可见，安布里特不仅对自己如此，也在努力为下属提供实现成长的机会。

> **Point69**
> 将工作视为接受教育的机会。

把兴趣当作职业

对于大多数丹麦人来说，工作意味着"个性"。

在丹麦，初次见面的两个人第一句话多是询问对方："你是做什么工作的？"他们好奇的并不是对方所在的公司，而是"职业"。

"您好，我叫有佳。"

"您好，我是玛丽亚。请问您是住在丹麦吗？"

"没错，我丈夫是丹麦人，我们一家三口住在罗斯基勒市。"

"是这样啊。**那您现在在做什么工作呢？**"

"我是记者，平时会撰写一些丹麦的时事新闻，供日本读者阅读。"

"哇，听起来很棒啊。"

"那您是做什么工作的呢？"

"我在市里的机构做活动策划。"

"是这样啊……您平时都负责什么项目呀？"

类似的对话经常在两人初次见面的时候发生。这里，为了减少对话的违和感，我特意使用了礼貌用语，实际的语气远比想象中随意。

在丹麦，两人初次见面，常常单刀直入地询问彼此的职业。

这是因为，他们认为询问一个人的职业是了解对方最直截了当的方式。

若对方正处于失业期，便会追问其之前的工作或大学专业。如此一来就能够了解对方的身份，在心里大概描绘出一个对方的画像。

其实，丹麦人会有根据对方的自我介绍去询问职业和专业的习惯，是因为他们从根本上认定，一个人通常会根据自己的爱好选择专业和职业。

一般来说，丹麦人并不只是为了工资，而是基于自己的兴趣决定人生方向。

再加上奖励跳槽的职场文化兴盛，他们永远不会勉强自己为一个毫不关心或一窍不通的领域长年"献身"。如果中途发现自己和岗位并不匹配，他们就会马上考虑跳槽，重新审视自己的职业生涯。因此，绝大多数丹麦人的工作多多少少都与个人兴趣相关。

顺便一提，"我在某某公司工作"会被视为无效的自我介绍。"我在某某公司担任某某职位"才是正解。丹麦人想知道的，不是工作的地点，而是对方在团队中担任着怎样的角色。

Point70
根据兴趣选择职业。

找到工作的意义

丹麦人对于工作有一个贯彻始终的追求，即"工作的意义"。

具体来说，分为"社会意义"和"个人意义"两个方面。

和刚才向大家介绍的安布里特一样，在"BLOX"工作的雅各布，负责全球网络的相关工作。"BLOXHUB"只接受可持续发展事业的会员，而雅各布的角色，就是构筑全球的可持续发展事业网络。

迄今为止涉足过多个行业的雅各布，最初在埃塞俄比亚打拼过一段时间。当初，他作为欧盟组织的职员在埃塞俄比亚工作了两年，后短暂进入丹麦环境保护部，再后来，他开始致力于哥本哈根的可持续发展事业。

紧接着，他转而担任哥本哈根投资促进署的秘书，为海外的各企业和投资人提供支持，在"BLOX"工作至今。

对于雅各布来说，高职位、高收入并不是他选择这份工作的理由。关于选择的标准，他给出了如下回答：

"事业应该是我所爱。**我想发挥自己的特长，去做对自己、对社会有意义的工作。**我认为一份工作是否对社会有意义非常重要，因为从中我能窥见真正的自己。我也接到过条件更好的工作邀请，但若对自己来说没有意义，我就会拒绝。"

选择对社会有意义的工作，选择能够实现自我认同的工作。除了雅各布之外，还有千千万万个抱有同样想法的人。在丹麦社会，如此思考的青年越来越多。

如今，人们越来越重视企业在社会上的职能，即企业的"社会意义"。比方说，如今的年轻一代十分重视环保，那么环保意识低的公司，则不会被纳入年轻人的首选。

对于今天的年轻人来说，所在公司的宗旨，必然要与自己的价值观保持一致。企业的方针远比能给出的工资更重要。

但是，为了实现自己的愿望（如长途旅行），在餐饮业打短工筹钱的人也不在少数。他们虽不奢求在工作中寻找意义，但为了实现自己的梦想而奋斗，归根结底也是为了追求"个人意义"而付出努力。

> **Point71**
> 选择对自己而言有意义的工作。

跳槽代表进取

将工作视为个性，追求个人成长与工作意义而兢兢业业的丹麦职场人，认为"跳槽"也有积极的一面。

"简历上拥有跳槽经历的人更占优势。将跳槽经历写在简历上，就像在告诉面试官，我有能力挑战新事物，我拥有无限可能。"

在同一岗位辛勤付出了近十年的路易斯如此说道。

路易斯十分热爱自己的事业，他认为现在的职业与自己适配度很高，因此才十年如一日地工作。然而他为了扩大自己未来的可能性，正在思考迈出崭新的一步，寻找新的职业。

在丹麦社会中，长年从事同一工作的人容易收获"没有能力应对变化"的评价，并经常在职场中惨遭淘汰。在同一家公司工作十年以上的元老级员工会被评价为"不思进取"。

在我的众多受访者中，所有人都有过跳槽经历。除了走出企业自立门户的人，其他人都或多或少有过从事多种职业的经验。很多人都是过几年就会转职。正因如此，在取材的过程中，我才能够在一个人的身上获取各类职场信息，也能够听取他们对于丹麦不同职场的独到见解。

好奇心引导职业发展

丹麦人从未经历过日本式的应届生招聘流程，每个人都会根据自己的节奏找工作。

他们找第一份工作的流程基本如下：首先根据自己的专业寻找感兴趣的职业，进入公司实习。在大概掌握了技能之后，向公司提出涨工资并成为正式职员，或者在同一行业寻找薪酬更高的公司另谋高就。

在这之后，有些人会被予以重任，升职至同公司更高的职位，而有些人则根据自己的兴趣和匹配度另寻出路。更多的人会选择在同一行业继续探索，但另辟蹊径的人也不在少数。

通过采访我发现，从一开始就明确规划了职业生涯计划并按部就班执行的人，在丹麦少之又少。

对事业满腔热血的工作狂哈塞，对职业生涯有着独特的见解。

"我的职业生涯是由一个又一个巧合堆砌而成的。**迄今为止我一次也未规划过职业生涯，从来都是凭好奇心坚持**。我也从来没有因为工资问题换过工作。我选择的工作都是受好奇心驱使。对我个人来说，工作的目的有且仅有'享受'。看起来有意思的工作，能学到知识的工作，对自己来说有意义的工作，才是吸引我不断跳槽的理由。"

现在的哈塞在欧登塞市政府担任主管，管理着约一千三百多名员工。然而当我问到他的职业生涯时，不同于努力拼搏的刻板印象，他说他只是出于对这个职业的爱好，才不知不觉当上了领导，有了今天的成就。

卡特琳也给出了颇具个性的回答。她提到，自己一直以来都在追求事业步步高升。

自从卡特琳在电视台工作以来，她一直在追求高责任、高报酬的职位，不断提升自己的水平。其中最卓越的一次飞跃，当属她从中央电视局转入地方电视局，报酬一时间翻了数倍。

然而，她却决心在五十岁的时候为自己"降职"。她决定加入NGO（非政府组织）。即使报酬直线下降也要"降职"的理由，正是她认为这份工作具有更远大的"社会意义"。

> **Point72**
> 追求兴趣与意义，积极地看待跳槽。

为社会尽一份力

在与丹麦人交流的过程中，我深深地感受到，他们对于为社会做贡献有着强烈的欲望。

哈塞的工作报酬高，纳税也多。当我问他对高税率这件事有何看法时，他立即给出了回答：

"能够多缴税金我感到很荣幸，再多交一点儿也没问题。"

读到这里，你可能倍感震惊。实际上，这样的想法几乎是丹麦社会的共识。在他们的认知里，交纳税金就等同于为社会做贡献。

国民有着如此高的觉悟，其根本在于政府部门可靠，国民与政府之间有着坚不可摧的信赖关系。政府将税金用在刀刃上，是丹麦人民的切身感受。

从这些事实中我们可以看出，丹麦人有着极高的社会贡献意识。这一点从字面上理解或许有些复杂。简单来说，人们想要社会如何发展，就会去积极思考力所能及的事。

"我心中的理想社会是，无论贫穷还是富有，在我生病或因事故而行动不便时,医疗机构能够随时为我亮起一盏'绿灯'。

"我希望社会上所有人都能平等地接受一切治疗。**正因我希望人人都能拥有平等的权利,所以才会积极地交纳税金。**"

从哈塞的语气中,我听出他对此事没有半点儿玩笑之意。

"归还时间"公司的佩妮莱在采访的最后,热情地向我诉说她关于人生的态度——人生中究竟什么最重要。

"**人生中什么最重要?我认为是付出与奉献。**为了能够给予他人更多帮助,我努力修炼,成为更好的自己。

"我希望我去世后留在这个世上的东西,不是一项项纸面上的成就,而是自己为社会付出的点点滴滴。

"面对子女、同事,自己活成了怎样的人?面对普罗大众,自己又是怎样的存在?我觉得这才是评价一个人一生的标准。"

佩妮莱铿锵有力的声音，至今仍回荡在我的脑海里。

Point73
做一个对社会有意义的人。

将热爱做为工作动力

丹麦人的职业生涯离不开个人成长、社会意义以及自我个性的探索。

在各个领域，丹麦都能够崭露头角。如此领先的原因，正是国民对自己工作意义的追求。他们以热爱为原动力，永远热情地投身于事业当中。

在乐高有过七年工作经验，如今负责网络环境整顿工作的卡斯滕，对此在采访中这样说道：

"丹麦人工作效率高的原因，我认为正是每个人都能够时刻保持对工作的热情。我的每项成就不单单只是'工作'。对我来说，'工作'也是一种表达人生态度的方式，能够充分代表我的个性。

"我总是充满好奇，总是能拿出'不达目的不罢休'的态度，所以才能走到今天。我越在工作中体会到幸福，工作就越来越成为我灵魂中的一部分。"

"无尽的热情与工作的幸福感孕育出高生产率。所谓效率，本就是'幸福'与'热情'的产物。"

> **Point74**
> 效率从"幸福"与"热情"中诞生。

专栏 顶级生产率是这样育成的

丹麦分子生物学家尼克拉斯·布伦德伯格是一位当代青年才俊。他的个人能力在全世界范围也算数一数二。高中时，他以全国顶尖的成绩毕业，受到了广泛关注。如今，他是一名分子生物学学者，兼顾研究与写作，并在各地积极开展讲座。我有幸参加过一次。当时，整个场馆座无虚席，他用生动浅显的话语，让现场所有人都沉浸在他演说的世界里。

尼克拉斯在丹麦出版的书收获了极高的销量，连续几年入选年度畅销书，迄今为止已经被翻译成二十六种语言。在日本，其译名为《青春永驻》。

尼克拉斯在百忙之中接受了我的采访邀请，我得以倾听他宝贵的见解。

人生中最重要的是家人，还有自己的健康

我尤其想向尼克拉斯请教的是，他是否有一套自己的"成功法则"。

| 四点就下班 | 松弛感的人生计划

从各科拔尖的优等生,到学者兼畅销书作家,获得全世界的瞩目,这样的他,究竟遵循着怎样的工作方式?对于他来说,人生最珍贵的东西又是什么?

尼克拉斯的回答十分出乎意料。

我原以为,他能够达到今天的高度,一定是因为他拼了命地学习、做研究,一心钻进事业中,生活中除了工作再无其他。然而,听了他的一番话,我发现自己的认知太过狭隘。

从小就好奇心旺盛的尼克拉斯,什么都想了解一番,于是自然而然地掌握了各种知识。他从未在学习方面被父母逼迫过,从未听说过"家规",从小就与父母保持着稳定、轻松的健康关系。

当我问他人生中最宝贵的东西是什么时,他毫不犹豫地回答:"当然是家人。我认为家人就是上天给予我的礼物。只要家人能够健康、长寿,我什么都不奢求。健康是再重要不过的了。只要有一副好身体,做什么都没问题。"

同时,他也提到了"自身的健康"。"我想尽量活得长一点。这个世界上还有很多我想要亲自感受的事物。"

希望所爱之人长寿，同时祈求自己长寿，这个课题一直贯穿尼克拉斯整个研究。大概正因如此，他才选择研究长生不老吧。

起床后直奔书桌

尼克拉斯的休息时间和周末都是在陪伴家人和朋友中度过的。到了夏休，他便会到湖边游玩，或走到街上感受夏日的气息，抑或是与三两好友喝酒闲聊。每到长假，他都会和朋友一起环游世界，探索未知之地。

接下来要提到的，一定会让你感慨尼克拉斯的过人之处。

对于尼克拉斯来说，提高效率的压轴"武器"便是"睡觉"。每天，他都会保证七个小时，甚至八个小时的有效睡眠时间。

为了保证良好的睡眠质量，他特意选择高质量床垫。除此之外，他还会使卧室的空气时刻保持清新，调整空气湿度，并保证无声的睡眠环境。

在酣睡一觉后，早上起床，沐浴，吃早饭，然后

| 四点就下班 | 松弛感的人生计划 |

开始处理大量的工作。偶尔他也会选择不吃早饭，直奔书桌开启一天的工作。

这些环节中最重要的是，在头脑清醒的上午去完成重要任务。

一日之计在于晨。因此，他提醒自己尽量早上不去查看手机信息，不让任何事打扰自己，在容易集中精力的环境下，全神贯注地投入工作。

比方说，将写作放在上午。设定五十分钟的闹钟，按下手表的计时键后不间断工作。之后休息十分钟，感受一下外面的新鲜空气，或者起身喝水。在那之后再次进行五十分钟的工作，然后再休息十分钟。一个上午大概进行四到五次这样"50+10"的循环。

到了下午，他开始做比较轻松的工作。回邮件、开会、小规模实验等都会安排在下午。

这就是尼克拉斯的日常。他不一定每天都会按部就班地遵守计划，若紧急情况发生，也可能会打破常规。但他依然尽其所能去执行。

在这之中，重要的不仅仅是"计划"，而是计划之中的"内容"。尼克拉斯称，如果真的想做出一番成果，其中最重要的便是"热爱"。

"无论怎样努力，你都无法成为'热爱'的对手。只有真正投身自己所好，才能够取得真正意义上的成就。**无论你有多少责任感，也比不上别人的'一腔热血'。**"

现在，尼克拉斯收到的工作邀请堆叠如山，然而他只优先选择重要的，剩余的任务他会毫不犹豫地拒绝。余下的时间他就做自己真正想做的，同时为自己充电，养精蓄锐。

| 四点就下班 | 松弛感的人生计划

Point75
保证七到八个小时的睡眠时间以提高效率。

Point76
早上做重要的工作。

Point77
集中精力,不看手机。

Point78
热爱是最好的老师。

将社会资源开发到极致

"**若能够将自己的才能在擅长的领域发挥到极致，一定能够取得成效**。社会上每个人都能各司其职，整个社会的生产效率就会大大提升。"

路易斯在一家为成年人提供"重启人生"机会的教育机构里当讲师，他给出了如上见解。

如此看来，丹麦社会的本质就是追求"因才施用"。在人们寻找与自己匹配的工作时，社会结构在背后往往起到支柱般的作用。

为了维持高福利国家的现状，政府必须保持高税率，这就是丹麦的社会背景。然而这一背景的另一面是，政府能够保障国民从小学至大学的义务教育，为成年人提供职业教育，不断完善人人都能够持续开发潜力、随时变更职业方向的社会基础设施。

丹麦公司的合同以"职务基准型"招聘和"社会招聘"为主，很少单独面向应届生招聘，在这样的职场文化下，跳槽不再成为难题。

每个人都是独一无二的。我们都既有一技之长，也有难以应付之事。有些东西可以激发我们无限的好奇心，而有些领域，我们无论怎么努力都兴趣索然。

人生也同样，我们时刻面对着无数种可能。或许我们因搬家或者生子而接触到完全不同的环境，或许我们的兴趣和关注点变得与以往截然不同，又或许，某天我们的心态也会发生巨大改变。

丹麦社会并没有否定这种多样性。社会对于时刻变化着的人性极其包容，在关键时刻搭起一张"安全网"保障就业，提供教育机会，为求职的人们重新踏上另一条路提供长久的支持，为应对瞬息万变的社会现状而不断完善低成本转职、离职、再就业的社会基础设施。通过这些保障,"人力资源"从社会中觉醒,作为宝贵的资源被最大限度地开发出来。

这就是真实的丹麦社会,是能够实现"因才施用"的社会。

失败无妨,转变赛道也无妨,停下来休息是理所应当的,整顿好之后再出发即可。在瞬息万变的社会环境下,换一条谋生之路也未尝不是一种选择。

为人们提供无限的挑战机会,就是丹麦社会的本质。

丹麦最大的雇主团队 DA(丹麦雇主联合会)的数据显示,丹麦年离职率达到了30%,而就业/跳槽率要高于此。[22] 从这两项数据来看,在丹麦,即使离职也不怕没有容身之所。人们总是根据实际情况选择跳槽、离职,或再就业。

在丹麦奥尔堡大学研究劳动市场的亨宁·约根森称,截至2017年,丹麦平均个人生涯跳槽次数达到了七次。

不仅如此,约根森还预测,在不远的将来这个数据有望达到十二次。[23]

由此看来,工作数年就转职,将这样的工作方式视为基准的时代,对于丹麦来说触手可及。

后　　记

最后我想说，非常感谢你能够读到这里。

读完本书，你最大的感触是什么？

如果本书能够为你的工作或生活方式提供一些参考，或者为改善团队提供一些灵感，将是我莫大的荣幸。

希望大家不要太勉强自己，以轻松的心态大胆尝试书中的方法。

那么接下来，我将公布在前言中提到的"生活方式大改造"的实验结果。

我的改造计划究竟进行得如何呢？

正如前言中所写的，本书的出版，从某种程度上来说也是一场自我"人生实验"。

这段时间，我一边对国际竞争力和幸福度皆为世界第一的丹麦人进行采访，一边将采访得来的经验记录在本书之中。同时，我自己也将"生活方式大改造"付诸了实践。

其实我在执笔正文之前，撰写了多个版本的前言并发给我的编辑大隅元过目。针对哪个版本更好，我们进行了一系列讨论，最终他回复我说"人生实验"的创意很棒。

由此，从这样一篇"即兴"产出的前言开始，我通过撰写此书开启了自身的生活方式改造。

除此之外，本书的出版过程伴随着种种压力。

我之所以这样说，是因为如果消耗在此书上的精力反而使我的家庭出现了裂痕，本书的问世也将以失败告终。

由于本书的精华在于探讨如何平衡工作与生活，若作者本人的家庭都面临着这样的问题，就不用说能为读者带来什么有价值的观点了。

说实话，我每天都在焦虑这本书和我的家庭会不会落得同一个下场。

然而，事情出现了转机。

后记

在写作过程中,我与丈夫的关系发生了戏剧性的转变。

以前的我,生活总是被形形色色的人和数不清的邮件充斥着,每天都是无聊的对话,还有朋友之间的无效社交。

这种生活方式虽也有乐趣,但我在这些东西上面浪费的时间和精力太多,偶尔的宿醉得到的只是第二天的疲惫不堪。

甚至由于我总是穿梭在各种社交软件的群聊之间,就连和家人在一起的时间里都习惯盯着手机,所以思绪总是飞到九霄云外,无法聚精会神地享受与家人共处的时光。

当然,我的丈夫自然没有理由支持我的生活方式。

然而当我下定决心集中于写作之后,我的生活反而发生了变化。

看到我的改变后,丈夫的态度也随之改变。

本书的诞生,对我来说是无论如何都无法放弃的事，是我的人生大事。无论发生什么，我都想全力以赴将本书呈现出来。为了出版本书，迄今为止我所珍爱的一切，十之八九我都可以放弃。（当然，真正珍惜的事物无法放弃。）

我把我的真实想法告诉丈夫。对于我的一番真心、我的理想，他一字不落地认真倾听。在那之后，他语重心长地对我说出我写在前言里的那段话。

"知道你要出书，我很支持你。但我还是希望你能调整一下现在的生活节奏，保证睡眠充足，学会给自己放假，最重要的是，希望你能重视和家人在一起的时光。工作效率提高了，在有限的时间内也能取得成效。"

现在想来，这段话的确代表了无数丹麦人的心声，也让我再次认识到了丈夫的丹麦式作风。我开始认真考虑努力多陪伴家人，好好平衡生活与工作，同时也认真进行我自己的写作事业。

既然这样，我想，到底什么样的生活改造才算作真正的"改造"呢？

后　记

　　问题的答案，实际上并没有想象中那么复杂。

　　在我为了撰写此书所展开的众多采访中，每位受访者的人生态度都给了我一定的启发，颇具意义的见解不计其数。正因如此，我才得以在奋笔疾书中完成我的生活改造计划。

　　其实在写作的过程中，我经历了一段长达六周的夏休。我和丈夫都是自由职业者，一家人的日常风格非常随性。因此，那次夏休，我鼓起勇气，尝试将写作工作完全暂停。（这得到了我的编辑的理解。）

　　虽然整整六周的休息时间的确过于漫长，但在此期间，我在度假别墅中体验了休闲时光，参加了郊游等户外活动，还接待了从日本以及海外远道而来的亲朋好友，度过了一段充实的时光。

　　那段时间里，我时常望着天边的夕阳，与家人在附近的湖泊享受野游的乐趣，并对此乐此不疲。夕阳映照在湖面上，那波光粼粼的朦胧光景，构成了我夏日里独一无二的美好回忆。

现在，我们夫妻二人恩爱如初。

我们学会了尊重彼此的事业，也越来越珍惜有家人在身边的安心。

虽然过程迂回曲折，甚至可以说是困难重重，但我最终还是得到了丈夫的理解与支持。没有什么比这更让我感到欣慰和幸福。

若没有每天三点回家、在家里做好晚饭等待我和孩子的丈夫，或许大家就不会有和本书见面的机会。在此，我再次感谢丈夫的支持和陪伴。

针贝有佳

致　　谢

最后，本书能够出版，要感谢以下人士的辛勤付出。

为我提供了本书出版机会，从写作到出版全程给予我支持的居住海外的长仓显太和原田翔太。为我提供练习出版计划报告场地并积极给予反馈的东京学艺大学教职大学院的渡边贵裕准教授、小田康介，以及因现职教员派遣研究计划在东京学艺大学教职大学院学习的各位老师。对出版计划报告提出建议的股份有限公司董事长滨野和城。面对本书出版的挑战，耐心为我讲述自己创作以及写书过程的陶艺家SHOWKO。就日本社会组织的存在方式提出"问题意识"等意见，同时传授我写作经验的同志社大学的太田肇教授。从计划书制作到开始写作，给予我多方面指导的有川真由美。

有着丹日合资企业工作经验，提供众多创意的MHI日本维斯塔斯股份有限公司董事长山田正人。整合各版计划书并帮助确认最终版，陪伴我写作全过程的PHP研究所商务材料总编辑大隅元。

没有这些人的共同努力，本书无法与各位读者见面。

在这里我再次由衷地表示感谢。

同时，我也要由衷感谢接受采访，为本书的内容赋予灵魂的各位朋友。感谢你们为我提供如此精彩的内容。

附录

四点就下班的实战建议

员工篇

1. 明确人生的优先顺序,将不重要的果断抛弃。

2. 到点就下班,捍卫私人生活。

3. 别勉强自己,也别为难他人——尊重对方的私人时间。

4. 在头脑清醒的上午完成重要的工作。

5. 创造无痛工作时间,和珍视之人一起度过。

6. 不做长期计划,做周计划。

7. 勇敢接受挑战。

8. 就事论事,客观看待批评。

9. 抛弃固有框架。

10. 比起集中于个别工作任务,更多地了解自己的"职能"。

11. 将会议和邮件抄送减少再减少。

12. 确保七个小时以上睡眠。

经理篇(与下属的相处方式)

1. 支持下属拥有充实自己的私人时间。

2. 比下属早下班,将四点下班作为目标!

3. 提早五分钟设定会议结束时间，绝不拖延！

4. 邀请别人参加会议或活动时，思考他们是否真的有必要出席。

5. 省略二次确认的工作。

6. 站在下属的角度思考简单的工作方式。

7. 失败是常事，不要责备下属的失败。

8. 鼓起勇气为下属说"不"。

9. 不要让下属事事顺从自己。

10. 直接指出对方的问题。

11. 时刻打开办公室大门。

12. 优先倾听下属的意见。

经理篇（创造良好的工作环境）

1. 创造随性、开放的工作空间。

2. 不过于纠结着装、形式、手续、制度。

3. 配备升降式办公桌。

4. 允许员工弹性工作。

5. 允许居家办公。

6. 工作与休息平等的文化。

7. 将"长期休假"义务化。

8. 上班时间奖励散步休息!

9. 每周一天,让员工去做想做的事。

10. 综合考量员工的意愿,让全员"适得其所"。

11. 遭遇失败时共同解决。

12. 不论职位与性别,平等倾听所有人的意见。

脚　　注

1. IMD World Competitiveness Center: "IMD World Competitiveness Ranking" 2022 & 2023.
2. IMD World Competitiveness Center: "IMD World Digital Competitiveness Ranking 2022"
   UN: "E-Government Survey 2022"
   Yale Center for Environmental Law & Policy and The Center for International Earth Science Information Network Earth Institute, Columbia University: "Environmental Performance Index 2022"
   Sustainable Development Solutions Network: "Sustainable Development Report 2023"
3. Statistics Denmark: "Population", 2023
   住民基本台帳に基づく人口、人口動態及び世帯数（令和5年1月1日現在）（総務省、2023）
   Statistics Denmark: "Area", 2023
   Sustainable Development Solutions Network: "The World Happiness Report 2023"
   OECD: "Poverty rate", 2023
   OECD: "Income Inequality", 2023
   Transparency International: "Corruption Perceptions Index 2022"
   IMD World Competitiveness Center: "IMD World Digital Competitiveness Ranking 2022"
   IMD World Competitiveness Center: "IMD World Competitiveness Ranking 2023"
4. IMD World Competitiveness Center: "IMD World Competitiveness Ranking" 2022 & 2023.
5. IMD World Competitiveness Center: "IMD World Digital Competitiveness Ranking 2022"
6. The Economist Intelligence Unit Limited: "Assessing the best

countries for doing business", 2023
7. IMD World Competitiveness Center: "IMD World Competitiveness Ranking" 2022 & 2023.
8. IMD World Competitiveness Center: "IMD World Competitiveness Ranking 2023"
9. IMD「世界競争力年鑑2022」からみる日本の競争力（三菱総合研究所、2022）
   IMD World Competitiveness Center: "IMD World Competitiveness Ranking 2023"
   IMD World Competitiveness Center: "IMD World Competitiveness Ranking Criteria used in 2023"
10. DI Business: "IMD Danmark ligger i top på global konkurrenceevne", 06.14. 2022.
11. Yale Center for Environmental Law & Policy and The Center for International Earth Science Information Network Earth Institute, Columbia University: "Environmental Performance Index" 2020 & 2022.
12. Sustainable Development Solutions Network: "Sustainable Development Report" 2016 - 2023
13. UN: "E-Government Survey" 2018, 2020 & 2022
14. City of Copenhagen: "The Bicycle Account 2022 COPENHAGEN CITY OF CYCLISTS"
15. UN: "E-Government Survey" 2018, 2020 & 2022
    IMD World Competitiveness Center: "IMD World Digital Competitiveness Ranking 2022"
16. MobilePay: "The Story of MobilePay" 2023
17. Borger.dk: "Kørekort-app""Sundhedskort-app"
18. Regeringen.dk: "Alle restriktioner udløber den 31. januar", 01.26. 2022.
19. Forbes Advisor: "Worldwide Work-Life Balance Index 2023", 03.02. 2023.
20. Blox.dk: "About BLOX"
21. European Data Journalism Network: "The job satisfaction map: these are the countries where workers live best"12.12. 2022.
    Małgorzata Szczepaniak & Agnieszka Szulc-Obłoza: European Research Studies Journal Volume XXIV, Issue 1, 2021, "Associations

Between Job Satisfaction and Employment Protection in Selected European Union Countries", 2021.
22　Beskæftigelsesministeriet: "Kvinder og mænd på arbejdsmarkedet 2023"
23　TV2: "Danskerne er europæiske mestre i at skifte job-og det kan godt betale sig" 02.25. 2017.

非常感谢您参加调研

协助采访（25人）
Ann-Britt Elvin Andersen, Birthe Askjær Drejer,
Carsten T. Sørensen, Dennis Morild, Emily Fromhage,
Erik Weber-Lauridsen, Hasse Jacobsen, Helene Nyborg,
Jakob Norman-Hansen, Jens Matthias Baecher,
Kaspar Astrup Schröder, Katrine Aadal Andersen,
Kenneth Sejlø Andersen, Lene Tanggaard,
Louise Askjær Drejer, Louise Welling, Masato Yamada,
Matthew Whitby, Mette Holm, Nicklas Brendborg,
Pernille Garde Abildgaard, Steen Pipper,
Søren Harder Nielsen, Narisara Ladawal Schröder (Em),
Vincentz Costas.

社会经济观察

分类	书号	书名	作者	定价
大前研一作品	978-7-111-76218-8	银发经济学：老龄时代的商业机会	[日]大前研一	59.00
	978-7-111-60125-8	低欲望社会：人口老龄化的经济危机与破解之道	[日]大前研一	49.00
日本经济史	978-7-111-76228-7	日本央行的光与影：央行与失去的三十年	[日]河浪武史	59.00
	978-7-111-74125-1	汇率下跌之后：日元贬值的宏观经济启示	[日]唐镰大辅	59.00
	978-7-111-69815-9	失去的三十年：平成日本经济史	[日]野口悠纪雄	59.00
	978-7-111-69582-0	失去的二十年（十周年珍藏版）	[日]池田信夫	69.00
	978-7-111-71222-0	失去的制造业：日本制造业的败北（珍藏版）	[日]汤之上隆	69.00

马特·里德利系列丛书

创新的起源：一部科学技术进步史
ISBN：978-7-111-68436-7

揭开科技创新的重重面纱，开拓自主创新时代的科技史读本

基因组：生命之书 23 章
ISBN：978-7-111-67420-7

基因组解锁生命科学的全新世界，一篇关于人类与生命的故事，华大 CEO 尹烨翻译，钟南山院士等 8 名院士推荐

先天后天：基因、经验及什么使我们成为人（珍藏版）
ISBN：978-7-111-68370-9

人类天赋因何而生，后天教育能改变人生与人性，解读基因、环境与人类行为的故事

美德的起源：人类本能与协作的进化（珍藏版）
ISBN：978-7-111-67996-0

自私的基因如何演化出利他的社会性，一部从动物性到社会性的复杂演化史，道金斯认可的《自私的基因》续作

理性乐观派：一部人类经济进步史（典藏版）
ISBN：978-7-111-69446-5

全球思想家正在阅读，为什么一切都会变好？

自下而上（珍藏版）
ISBN：978-7-111-69595-0

自然界没有顶层设计，一切源于野蛮生长，道德、政府、科技、经济也在遵循同样的演讲逻辑